KB242548

통일을
준비하는
정치교육

통일을 준비하는 정치교육

조용관 지음

한국학술정보(주)

|머리말|

　우리 민족은 많은 어려움을 겪었지만 세계사에 보기 어려울 정도로 오랫동안 단일민족으로 살아왔다. 그러나 19세기 초 서세동점의 시기와 국권상실의 일제 강점기를 거쳐 해방을 맞이하였으나, 열강들의 각축과 국내 정치세력들의 분열로 인해 남북은 분단되고 말았다. 반세기 넘는 분단 기간 동안 우리는 많은 대가를 치렀다. 민족상잔의 아픔을 경험했을 뿐 아니라 1천만 이산가족이 사랑하는 가족과 떨어져 살아야만 했고, 늘 전쟁의 불안감을 안고 살아야 했다. 이 같은 냉전의 시대에는 남북한은 동족이지만 남보다 못한 적대적 관계를 유지하며 살아 왔다.

　냉전 종식과 더불어 불어 닥친 변화된 국제관계에 힘입어 분단되었던 대부분의 국가들이 통일로 마무리 되었고, 오직 우리만이 아직 분단을 지속하고 있다. 하지만 최근 한반도를 둘러싼 국제정세의 변화는 통일에 대해 그렇게 비관적인 것만은 아니다. 북미관계도 변화의 조짐을 보이고 있고, 특히 남북한 관계에 대해 일부 비판적 시각이 없지 않으나, 과거에 볼 수 없을 만큼 큰 진전이 있음을 누구도 부인하기 어렵다. 두 차례의 남북정상회담을 비롯하여 많은 사람이 북한을 다녀왔으며 남북한이 함께 개성공단을 건설하였고, 남북한 교역도 날이 갈수록 증가하고 있다. 이러한 일련의 변화는 과거에 상상하기 어려운 일들로, 통일을 향한 진일보한 발걸음이라 볼 수 있다.

다른 한편으로는 자칭 지상천국이라는 북한을 떠나 남한으로 입국하고 있는 탈북자들의 수가 날로 증가하고 있는 것도 통일을 향한 또 다른 조짐이라 하겠다. 역사적으로 유민을 받아들이는 국가가 통일의 주체가 되었다. 이는 남한주도의 통일을 암시하는 것으로 보아도 좋을 것이다. 이러한 상황들을 종합해보면, 정확히 예측하기는 어려우나 통일의 때는 점차 다가오고 있으며 통일은 남한주도로 이루어질 것임을 미루어 짐작할 수 있다. 그런데 문제는 우리가 통일을 면밀히 준비하고 있지 않다는 데 있다. 준비 안 된 통일이 얼마나 어려운가를 독일통일이 잘 보여주고 있다.

언젠가부터 '우리의 소원은 통일'이란 노래가 특정 집단의 소유물이 되어 버렸다. 달리 말하면 일반 국민들은 못사는 북한과의 통일을 원치 않음을 보여주는 좋은 예이다. 필자가 만난 어느 고등학생이 못사는 북한과 통일이 되면 함께 못살기 때문에 통일을 원하지 않는다고 했다. 이 학생의 솔직한 대답이 아마 우리 대부분의 마음을 대변하고 있는지 모른다. 우리가 원하지 않는다고 해서 통일이 되지 않고 지금의 분단된 상태가 지속될 수 있을까? 독일 통일을 보면 장담할 수 없는 일이다. 독일통일이 그러하듯이 우리의 통일도 우리의 의지와 상관없이 어느 날 갑자기 올 수 있다.

필자가 통일문제를 현실적으로 관심을 갖게 된 것은 '90년대 중반 우연히 탈북자들을 만나게 되면서부터이다. 10년 넘게 많은 탈북자들을 만나면서 느낀 것은 그들이 우리와 너무 다르다는 것이었다. 말은 통하였으나 생각이나 행동이 우리와 너무나 달랐다. 그 이유는 분단 이후 남북한은 서로 다른 정치이념에 따라 상이한 정치교육을 실시하여 왔고, 이로 인하여 남북한 주민들은 세계관, 국가관, 역사관, 인생관이 달라졌을 뿐 아니라 언어, 사고, 가치관, 생활 방식과 태도 등에서 커다란 이질화를 가져왔기 때문이었다. 이러한 격차와 이질화는 그 상이한 체제의 심화로 인해 어느 분단국보다도 심각한 상태에 이르고 있으며, 이를 극복하지 않고서는 남북한 주민의 진정한 통일을 이룰 수 없다.

통일은 남북한이 지리적·정치적 통일이 이루어진다고 해서 마무리되는 것이 아니다. 독일이 통일된 지 20년이 다되어 감에도 불구하고 아직까지 어려운 것은 바로 서로 다른 교육목적 아래 형성된 인간에 대한 이해 없이 지나치게 정치·경제적 접근에 치중하였기 때문이다. 독일에 비해 한정된 범위 내에서만 접촉을 하고 있는 우리의 경우, 통일을 준비하지 않으면 엄청난 혼란을 겪을 수 있다. 그러므로 통일을 위해서는 먼저 남북한 사람에 대한 이해가 전제되어야 한다. 다시 밀해서 통일의 마지막 단계라 할 수 있는 '사람의 통일'을 이루기 위해서는 먼저 서로에 대한 올바른 이해가 있어야 한다. 사람에 대한 이해 없이는 진정한 통일을 기대하기 어렵다.

이 책은 불원간 다가올 통일을 어떻게 준비해야 하는가를 주로 정치교육적 측면에서 다루어 보았다. 제2장에서는 정치교육의 개념과 기능을 살펴보았고, 제3장에서는 남한 정치교육이 어떠한 인간형을 목표로 하였으며, 이를 구현하려고 어떠한 노력을 해왔는가를 살펴보았다. 제4장에서는 북한의 정치교육이 어떠한 인간형, 즉 주체형 인간을 주조하기 위해 어떠한 노력을 해왔는가를 살펴보았다. 제5-6장에서는 남북한 체제하에서 형성된 서로 다른 인간들을 정치교육을 통하여 어떻게 통합하여 통일국가의 한민족 구성원으로 만들 것인가를 살펴보았다. 또 보론은 필자가 <북한연구학보>에 게재한 <북한체제 특이성의 역사문화적 가능조건에 관한 연구>를 북한 체제의 이해를 돕기 위해 그대로 옮긴 것이다.

최근 일부 언론의 '천국의 국경을 넘다'라는 기사와 영화 '크로싱'은 우리에게 안타까움과 동시에 분노를 자아내고 있다. 가족을 살리기 위해 단돈 몇 만원에 팔려 가는 우리의 딸들, 굶주림 때문에 헤어진 아버지와 아들, 중국인과의 사이에서 낳은 수많은 무국적 아이들, 굶주림과 공포에 떨고 있는 동포들을 언제까지 그대로 두어야 하는가? 실제 탈북자들을 만나보면 북한사회가 얼마나 어려운가를 피부로 느낄 수 있다. 통일이 힘들지만 북한 보고 통일을 준비하라고 할 수는 없다. 좋든 싫든 통일은 우리가 준비할 수밖에 없다. 통일을 준비해야 한다는 큰 마음에서 출발했으나 능력부족으로 문제제기에 그치고 말았다. 부족하지만 이 책자가 통일에 대해 닫힌 마음과 두려움을 가진 분들에게 통일에 대한 마음의 문을 열고, 통일을 준비하는 계기가 되었으면 좋겠다.

이 책이 나오기까지 많은 사람의 도움이 있었다. 은사이신 박용헌 교수님과 늘 격려해주시는 손풍삼 · 황무임 · 양영식 · 이서행 · 이재석 교수님과 한국학술정보(주)의 채종준 사장님과 편집부원들에게 감사의 말씀을 드린다. 아울러 북한에 문이 열리기를 기원하는 오대원 목사님과 벤토레이 신부님, 그리고 북한을 사랑하는 많은 사람들과 사랑하는 가족들에게 감사의 말을 전한다.

진달래 피는 청람동산 연구실에서
조용관

제1장 다가오는 통일

국민들의 많은 기대와 열망 속에 이루어진 6·15공동선언이 발표된 지 벌써 7년이 지났으나 민족의 염원인 통일은 아직 이루지지 않고 있다. 이는 한반도 통일이 남북한 당사자만의 문제가 아니라 주변 강대국의 복잡한 이해관계와 맞물려 있기 때문이다. 결국 우리의 의지와 상관없이 이루어진 분단은 통일 역시 우리의 힘만으로 이루기 힘든 과제임을 현실로 보여주고 있는 것이다. 비록 통일이 당장 눈앞에 이루진 것은 아니지만 6·15공동선언 이후 남북관계는 과거와 비교해 볼 때, 상전벽해라는 표현이 무색할 만큼 많은 변화를 가져왔다.

우리 사회 일각에서 햇볕정책에 대한 비판이 없지 않으나 지난 10년간 남북관계가 과거와 달리 괄목할 만한 변화가 있었음을 누구도 부인할 수 없다.[1] 2007년 11월 말 현재 1,727,275명이 금강산 관광을 다녀왔으며, 개성공단 방문이 140, 079명, 통상적인 인적 왕래가 70,704명이며,[2] 작년 한 해 남북교역액은 17억 9천만 달러에 이른다.[3] 이러한 인적·물적 교류는 오랫동안 적대적 관계로 인해 교류

---

1) 차오위즈(喬禹治) 베이징대 조선경제문제연구소 주임은 지난 10년간의 햇볕정책으로 북한내부에서 이미 한국은 더 이상 적이 아닌 '우리 민족끼리' 그리고 '민족 공조를 해야 할' 파트너로 변하였고, 나아가 북한주민들에게도 당국이 모르는 가운데 한국은 동경(憧憬)의 대상이 되어 버렸고, 한국 패션과 한국 TV 드라마는 더 이상 감출 수 없는 유행이 돼 버렸다고 주장하고 있다. 그래서 북한정권 차원에서도 북한 주민에게 더 이상 한국에 대한 부정적인 선전을 할 수 없는 지경이 돼 버렸다고 주장하고 있다. 「조선일보」. 2008. 2. 1.
2) http://www.unikorea.go.kr/통일부자료실(검색일 2008. 1. 8).
3) 이는 2006년 교역액 13억 4,974만 달러 대비 33% 증가한 것이다. 통

가 없었던 남북한이 서로를 알아가는 데 많은 도움이 되고 있다.

　제2차 세계대전의 결과로 우리와 같이 분단된 독일이 통일된 것은 민족분단이란 비합리적 상태를 정상적 원위치로 만들어야 한다는 독일민족의 막연한 희망이 동독에서 발생한 긴박한 사태발전이 도화선이 되어 실현된 정치적 사건이었다. 통일되기 이전에 이미 동서독 간에는 연간 1천만 명이 오가는 인적 교류와 2백억 마르크(1백 40억 달러)에 달하는 교역을 통하여 통일되었을 때의 상황에 도달하여, 계기만 있으면 통일이 적극 추진될 수 있는 바탕이 마련되어 있었다.4) 동독체제에 대한 서독체제의 절대 우위는 독일통일을 평화적으로 견인해 내는 데 주요한 역할을 하였다. 아울러 동독주민들은 동서독 간 정치·경제·사회체제의 우열관계를 인식하는 한편, 고르바초프의 개혁정책으로 인하여 소련이 동독을 더 이상 지지하지 않을 것이라는 점을 간파하고 마침내 민중봉기를 통하여 서독체제를 통일국가체제로 선택함으로써 독일통일이 달성되었던 것이다.5) 독일통일이 이루어졌지만 실제 많은 독일인들은 그들이 원하던 통일이 그렇게 쉽게 빨리 오리라고는 누구도 예측하지 못했다.6)

　일부 보도자료(2008. 1. 7).

4) 전경수·서병철,『통일사회의 재편과정』(서울: 서울대학교출판부, 1997), p.18.

5) 황병덕,『독일의 정치교육 연구』(서울: 민족통일연구원, 1995), p.88.

6) 독일 통일은 준비된 것이 아니라 갑자기 이루어 진 것이다. 전경수·서병철, 앞의 책, p.18; 손기웅, "통일한국의 사회통합을 위한 정치교육 기본방안",『북한연구학회보(창간호)』(북한연구학회, 1997), p.234.

역사적 통일을 이룬 '90년 초 당시 콜 독일수상은 5년 이내 동독에서도 라인 강의 기적에 버금가는 엘베강의 기적을 재생해 내겠다고 장밋빛 미래를 동독인들에게 약속했으며, 동시에 서독인에게는 이러한 제2의 기적에 필요한 재원은 세금인상 없이 동서독의 경제부흥을 통해 조달될 수 있다고 장담한 바 있다.[7] 그러나 통일된 지 15년이 지난 지금 콜 수상이 밝힌 장밋빛 미래는 사라지고 많은 후유증만 낳고 있다.[8]

동서독은 통일 이후 눈에 보이는 베를린장벽은 사라졌으나 동서독 주민들 간의 '마음의 장벽'은 여전히 남아 있거나 더 높아지고 있다. 시간이 지나갈수록 동서독인은 처음 만날 때보다 서로를 이해하지 못하고 있는 것이다. 이 점은 서로를 비방하는 표현에서도 나타난다. 동독인은 서독인을 '거만하고', '마치 승리자처럼 생각하고 있고', '생색을 내는' 사람 등의 형용사를 붙여서 서독사람을 '베씨'(Wessi)로 부르는 반면, 서독인은 동독인을 '게으른 민족', '시중만 받고 싶어 하고', '대단히 게으르고 공격적'이라고 '오씨'(Ossi)로 부른다. 이런 마음은 시간이 갈수록 증가하는 편이고, 서로 다른 점이 같이 사는 생활 속에서 갈등의 원인으로 자리잡고 있다.[9]

---

7) 전성우, "통일독일의 사회통합", 『남북한 사회통합』(민족통일연구원, 1997), p.6.
8) '독일의 5현자(賢者)' 중 한 명으로 불리는 위르겐 동게스 박사는 2006년 9월 15일 세계경제연구원과 무역협회 주관으로 서울시내 한 호텔에서 열린 '통일 이후 독일경제 침체의 교훈'이라는 제목의 강연에서 통일 이후의 독일 경제에 대해 매우 어둡다고 진단했다. 「경향신문」. 2006. 9. 15.

통일 후 독일에서 일어나는 이러한 현상에 대해 베를린자유대학 박성조 교수는 동서독 통일을 실패라고 규정짓고, 실패의 가장 큰 원인은 서독인들의 동독인 인성에 대해 이해부족 때문이라고 분석하면서, 남북한 통일 이후 가장 큰 걸림돌은 바로 북한 사람들 자체의 특성이 될 것이라고 주장하고 있다.10) 또 독일통일 이전에 서독관리로 '70년대 후반부터 전독(全獨逸)문제연구소장을 지냈던 테틀레프 퀸(Detlef Kuehn) 박사는 통일 후 10년이 지난 2001년 "만약 독일이 다시 통일을 할 기회가 있다면 서독 전문가들이 동독 지역의 경제부흥 프로그램을 추진하는 능력보다 동독 주민의 마음을 읽는 능력을 갖추도록 훈련시켜야 할 것"이라고 밝혔다.11)

독일이 통일 이전 동서독 간 오랜 기간의 교류협력 확대를 통하여 상호 간의 문화와 사회에 대한 이해의 폭을 넓혀 왔음에도 불구하고, 사람에 대한 이해부족으로 통일 이후 장기간 사회통합의 문제로 인

---

9) 91년 독일연방의회에서 발행한 클라게스(Klages)의 논문은 "구 서독인이 동독인을 이등인간으로 간주하고 있다고 보십니까?"라는 질문에 서독인의 28%가 그리고 동독인의 71%가 그렇다고 대답할 정도로 동서독 주민들 간에 갈등의 골이 깊다. 김해순,『통일이후 동서독 주민들의 갈등과 사회통합』(통일부 통일교육원), p.178; 박상봉,『남북경제통합론』(서울: 나남출판사, 2004), p.29.

10) 서울대학교 행정대학원 통일정책연구팀,『남과 북 뭉치면 죽는다』(서울: 랜덤하우스중앙, 2005), pp.16－25; 김해순, 위의 책, p.238; 전경수·서병철, 앞의 책, pp.63－65.

11) 이 내용은 2001년 테틀레프 퀸(Detlef Kuehn) 박사가 이화여대 김석향 박사와의 대담에서 밝힌 내용이다. 김석향,『남북 주민간 갈등 양상과 기독교인의 대응방안에 관한 연구』(기독교북한선교회, 2006), p.9.

해 어려움을 겪고 있는 것이다. 동서독의 사회통합이 정치·경제적 통합에 초점을 맞춘 나머지 상호이해를 위한 교육문제를 상대적으로 소홀히 하였기 때문에 양 독 주민들의 심리적, 의식적 갈등이 여전히 큰 문제로 남아 있는 것이다.[12]

독일과 달리 한정된 범위 내에서만 교류를 추진하고 있는 남북한의 경우, 독일보다 힘든 사회통합의 과제에 직면할 가능성이 매우 높다.[13] 독일의 전철을 밟지 않기 위해서는 먼저 북한사회와 북한주민에 대한 올바른 이해가 선행되어야 한다. 즉 북한주민들이 어떤 정치사회화(political socialization) 과정을 거쳐 어떠한 가치관을 습득하여 왔으며, 나아가 어떻게 행동하는가를 살펴보아야 할 것이다.

남북한은 분단 이후 서로 다른 정치이념에 따라 상이한 정치교육을 실시하여 왔고, 이로 인하여 남북한 주민들은 세계관, 국가관, 역사관, 인생관이 달라졌을 뿐 아니라 언어, 사고, 가치관, 생활방식과 태도 등에서 커다란 이질화를 가져왔다. 이러한 격차와 이질화는 그 상이한 체제의 심화로 인해 어느 분단국보다도 심각한 상태에 이르고 있으며, 이를 극복하지 않고서는 남북한 주민의 진정한 통일을 이룰 수 없다.[14]

---

12) 동서독이 통일된 지 15년이 지난 지금 동서독사람은 "우리는 같은 민족이 아니다."라고 말하고 있다. 서울대학교 행정대학원 통일정책연구팀, 앞의 책, p.22.
13) 고정식 외,『통일지향 교육 패러다임 정립과 추진방안』(서울: 통일연구원, 2004), pp.239-240.

2005년도 통일연구원에서 제주도를 제외한 국민 1,000명으로 여론 조사를 한 결과 응답자의 75.9%가 통일 이후 사회적으로 가장 우려하는 사항은 가치관의 혼란이 악화될 것이라고 전망했다.[15] 이는 남북한 사회가 통합되었을 때, 남북한 주민 간의 정치적, 사회적 불안 심리로 인해 많은 사회적 혼란이 일어날 가능성을 보여주는 것이다.[16] 가치관의 충돌은 불가피하게 사회적 혼란을 불러일으킬

14) 박용헌 외, 『북한통일 대비 표준교육과정 개발을 위한 기초연구』(서울대학교 통일대비 교육과정연구위원회, 1994. 12), p.8.

15) 박종철, 박영호, 손기웅, 전성호, 최수영, 『2005년도 통일문제 국민여론조사』(통일연구원, 2005), pp.216－217.

16) 탈북자들의 남한사회 부적응이 바로 이를 입증하고 있는 것이다. 최근 자료에 따르면 탈북자들의 범죄가 날로 증가하고 있으며, 범죄 중에서도 폭력과 교통범죄가 많다. 교통범죄는 지리나 법규를 잘 몰라서 일어날 수 있는 문제이나 폭력이 전체 범죄의 36%를 차지하고 있는 것은 향후 통일되었을 경우 폭력 문제가 많이 발생될 수 있음을 보여주는 것이라 하겠다. 북한을 탈출하여 남한으로 온 사람에 대해 과거에는 '귀순용사', '귀순자' 등으로 불렸으나, '90년도 중반 이후부터는 일반적으로 '탈북자'라고 부르고 있으며, 법률적 공식 명칭은 '북한이탈주민'이다. 2005년부터 통일부에서 '새터민'으로 불러줄 것을 권장하고 있으나 아직 통일된 명칭은 없다. 여기서는 일반적으로 많이 사용하고 있는 가치중립적인 '탈북자'란 용어를 사용하고자 한다.

북한이탈주민 범죄현황(1998－2007. 1. 31 현재)

계	형법범									교통사범	기타
	소계	살인	강간	상해	폭력	절도	사기	문서위변조	기타		
1,687	899	5	12	58	603	64	36	46	75	603	185

* 자료: 김용환, 「북한이탈주민 정착제도의 문제점과 대응방안」(공주대학교 석사학위논문, 2007), p.22.

것이며, 특히 북한 지역의 경우 오랜 기간 동안 이념적, 문화적 격차로 인해 강제적인 수단에 의한 치안유지가 요청될 것이다.[17)

남북한 통일이 언제가 될지 아무도 단언할 수 없지만 지난 10년간의 남북관계를 고려해 볼 때, 통일은 점차 다가오고 있다는 느낌을 지워버릴 수 없다.

이 글은 동서독 통일에서 나타나는 통일의 후유증을 줄이기 위해 우리는 무엇을 준비해야 하는가를 정치교육적 측면에서 살펴보려는 데 그 목적이 있다. 보다 구체적으로 말하면, 분단 이후 남북한 체제가 각자가 상정한 인간형을 구현하기 위하여 어떠한 정치교육적 노력을 기울여 왔으며, 그 결과로 형성된 서로 다른 사람들을 어떻게 통합할 것인가를 살펴보려는 것이다. 그동안 남북한 정치교육에 대한 논문들이 남북한 교과서를 분석한다든지 아니면 정치사회화 과정을 비교하는 것이어서,[18) 서로 다른 가치관을 가지고 있는 남

---

17) 김현성, 『통일과도기 치안수요예측과 경찰대응방안연구』(용인: 치안연구소, 1998), p.35.

18) 최근 5년간 남북 정치교육과 관련된 논문 8편 중 6편이 교과서 분석을 기초로 한 연구이다. 김은정, 「남·북한 정치교육 비교 :정치교과서 분석을 중심으로」(경희대 교육대학원, 석사, 2005); 최춘영, 「북한 소학교 공산주의도덕 교과서 분석 연구: 정치사상교육 내용을 중심으로」(서울교육대 교육대학원 석사, 2004); 주혜련, 「남북한 중등학교 정치교육의 비교 연구」(인천대 교육대학원 석사, 2004); 이순복, 「북한 인민학교 교과서에 나타난 정치교육 내용 분석」(진주교육대 교육대학원 석사, 2003); 최재남, 「북한 정치교육과 체제유지와의 상관성 연구」(경상대 대학원 석사, 2002); 이재철, 「북한 정치사상교육의 내용 분석: 고등중학교 『공산주의

북한 주민의 통합문제를 간과한 면이 없지 않다.

여기서는 단순한 남북한 교과서 내용분석이 아니라 거시적 시각에서 분단 이후 남북한이 추진한 정치교육과 관련한 정책들이 어떻게 변천되어 왔으며, 나아가 정치교육의 주요 핵심적 내용이 무엇인가를 고찰함으로써 남북한 사회통합을 위해 준비해야 할 정치교육적 과제가 무엇인가를 살펴보려 한다. 즉 통일을 위한 정치교육을 미리 준비함으로써 통일 이후 야기될 남북한주민들 간의 사상적·이념적 갈등과 정치 사회적 혼란을 최소화시키고, 나아가 남북사회통합을 통한 한민족공동체의 재도약을 도모할 수 있기 때문이다.

이러한 연구는 직접 남북한주민을 대상으로 한 면접이나 심층조사를 하는 것이 바람직하나 대부분이 북한연구[19)]가 그러하듯이 갈 수 없다는 현실적 어려움으로 인해 주로 선행 연구를 토대로 한 문헌 중심으로 살펴보고자 한다.

도덕』교과서를 중심으로」(경성대 교육대학원 석사, 2002); 진유범, 「남북한 정치교육 비교 연구」(인하대 대학원 박사, 2001); 황의정, 「남북한 정치교육에 관한 연구: 초등, 인민학교 사회과 교과서를 중심으로」(숭실대 통일·사회복지정책대학원 석사, 2001).

19) 북한관련 연구는 직접 갈 수 없고 자료의 한계 때문에 대부분 문헌 연구에 따를 수밖에 없다. 최완규, "북한연구방법론 논쟁에 대한 성찰적 접근", 『북한연구방법론』(서울: 한울, 2003), pp.11 - 30.

제2장 정치교육의 개념과 기능

1. 정치교육의 개념

정치와 교육의 관계의 중요성은 일찍부터 많은 사람들의 관심의 대상이 되어 왔다. 서양의 Platon과 Aristoteles 이래 정치철학자들은 "국가가 존재하는 것처럼 학교도 존재한다."라든지, "국가가 원하는 것을 학교에서 가르쳐야 한다."며 정치와 교육의 중요성을 강조하여 왔다.[1] 동양의 공자도 정치와 교육의 중요성을 강조해 왔고,[2] 근대에 들어서는 Rousseau나 Mill, Locke 등 많은 저명한 사상가와 학자들도 정치질서를 유지하기 위한 교육의 필요성을 지적한 바 있다.[3] 그러나 정치와 교육의 관련성을 비교적 체계적으로 연구하게 된 것은 최근의 일이다. 정치와 교육의 직접적 관련성을 본격적으로 연구하고 있는 학문적 영역을 정치교육(political education)이라 한다.[4]

---

1) James S. Coleman(ed.), *Education and Political Development*(Princeton, New Jersey: Princeton University, 1965), p.6.

2) 중국은 한무제 때 동중서의 건의로 유가사상이 국가이념이 됨으로써 경학사상을 기본으로 하는 도덕교육과 인격교육 문화교육 등을 실시하여 체제 안정을 기하여 왔다. 任時先, 『中國敎育思想史』(臺灣: 臺灣商務印書館, 1978), pp.43 - 44.

3) 김용민, "서양정치사상에 있어서 정치와 교육", 『세계화와 민주화시대의 정치와 교육』(한국정치학회, 1997), pp.1 - 2.

4) 우리나라에서는 '정치'에 대한 부정적 인식 때문에 동일한 의미로 '국민윤리교육'으로, 북한에서는 '정치사상교육(교양)'으로 부르고 있으며, 일부 학자는 북한과 같은 전체주의 정치교육을 '교화(indoctrination)'로 구분하기도 한다. 그러나 여기서는 보편적 학술적 용어인 '정치교육'으로 통일하여 사용하고자 한다.

정치교육은 학자들에 따라 다소 달리 정의되고 있으나 크게 광의의 정의와 협의의 정의로 나누어 볼 수 있다. 넓은 의미의 정치교육은 '한 나라가 지향하는 바람직한 인간교육'이라 할 수 있다. 이 때 한 나라가 지향하는 정치이념에 따라 인간교육의 방향도 달라진다. 다시 말해서 인간의 존엄성에 최고의 가치를 부여하여 개인의 자아실현에 역점을 두는 민주주의의 정치교육과 인간의 존엄성을 부정하고 정치체제에 절대 복종하는 체제 순응적 인간 양성을 목적으로 하는 공산주의의 정치교육은 다를 수밖에 없다.[5]

한편 좁은 의미의 정치교육이란 '사회질서와 체제 내지 정치체제를 유지·발전시키기 위한 국민의 지지 또는 합의기반을 형성하는 교육적인 노력과정'으로 정의되며, 이때 사용되는 체제란 비단 정치체제만을 뜻하는 것이 아니며 문화체제, 사회체제, 인성체제를 포함하는 넓은 의미의 것이다.[6] 좁은 의미의 정치교육 개념은 주로 서구에서 사용되는 것으로, 대체로 정치질서나 정치체제의 안정, 유지, 발전과 정치교육 과정에 있어서 학습자(learner)의 입장만을 강조하기 때문에 새로운 국가형성(New nation-building)을 하고자 하는 신생국이나 선진화를 추구하는 개발도상국, 그리고 종래의 이념이나 체제를 완전히 바꾸고자 하는 사회주의국가에 적용하는 데는 한계가 있다.

---

5) 박용헌, "정치교육의 성격과 과제", 『정치교육』(서울: 형설출판사, 1983), pp.12-13.
6) 위의 논문, pp.14-15.

이러한 점들을 고려해 볼 때, 정치교육은 '한 국가가 그 생활공동체를 유지·발전시키기 위해 요구되는 바람직한 인간성을 형성하고 그 구성원들로 하여금, 그 생활공동체에 관련된 지식과 능력, 태도 등을 습득하도록 하는 교육적 노력'으로 규정해 볼 수 있다.

2. 정치교육의 기능

어느 국가 어느 시대를 막론하고 교육을 통하여 체제의 정치적 안정을 위해 노력하지 않은 국가나 사회는 없다. 고대 중국에서는 유가의 이상사회인 대동사회(大同社會)를 구현하기 위하여 공자를 비롯한 유가와 이를 통치이념으로 삼았던 군주들에 의해 경학사상(經學思想)을 기본으로 하는 도덕교육과 인격교육 및 문화교육을 가르쳤다.[7] 또한 앞에서 지적한 바와 같이, 서양에서도 Platon이나 Aristoteles, Thomas More, Rousseau 등도 정치와 교육의 연관성을 강조하였다. 이는 동서고금을 막론하고 정치질서의 안정을 유지하기 위하여, 오늘날 정치교육과 유사한 교육의 중요성과 기능을 강조하지 않은 나라는 없다. 이렇게 실시해 온 정치교육의 기능과 역할은 다음과 같이 정리해 볼 수 있다.[8]

---

7) 任時先, 앞의 책, pp.43 - 44.
8) 박용헌, 앞의 논문, pp.23 - 24.

첫째, 정치 및 사회생활의 질서를 유지하는 기능을 한다. 사회의 모든 질서가 법과 제도만으로 유지될 수는 없다. 인간의 모든 행위를 법으로 규제 통제한다는 것은 사실상 불가능한 일이다. 이러한 번거로움을 덜 수 있는 것이 바로 정치교육이다. 비록 시간이 좀 걸리지만 정치나 사회질서에 관한 교육을 어릴 때부터 학습시킴으로 정치 및 사회 안정을 기할 수 있기 때문이다. 중국 한무제 때 동중서(董仲舒)로 하여금 유가사상을 통치이념으로 하여 유가교육을 확충한 것도 교육을 통한 국가발전과 정치적 안정을 도모하려 한 것이라 할 수 있다. 또한 유교교육을 통해 조선왕조의 정치적 안정을 기한 것도 교육을 통한 국가공동체의 존속과 발전과 밀접한 관계를 갖는 것이라 하겠다.

둘째, 국민적 일체감 형성과 사회통합의 기반을 조성하는 국민통합의 기능을 수행한다. 역사적으로 국민적 일체감을 형성하지 않고 국가발전을 가져온 국가는 없다. 정치교육은 바로 국민들에게 동일한 국민 또는 같은 민족이라는 국민적 일체감을 형성하도록 유도하는 사회통합의 기능을 한다. 영국정부가 1980년대 후반 국민들의 정체감의 위기와 준법정신 결여 등으로 인해 사회결속력이 약화되자 국가차원에서 정치교육에 대해 많은 관심을 갖게 된 것도 바로 국민적 일체감 형성과 사회통합을 위한 것이라 하겠다.9)

---

9) 홍득표, "서양 정치교육의 체제와 내용", 『세계화와 민주화시대의 정치와 교육』, pp.5 - 6.

셋째, 구성원들을 국가정책 목표달성에 동원하는 기능을 수행한다. 정치교육은 일반적으로 그 목적을 설정함에 있어 국가이념 및 정치이념, 그리고 목표 문화와 일치하는 방향으로 기본적인 가치관을 설정한다. 그렇지 않을 경우 많은 사회적·국민적 혼란을 가져올 것이기 때문이다. 정치교육의 이러한 기능은 서구 선진국보다 급속한 사회변동과 사회의 구조적 분화(differentiation)로 인해 정치적·사회적 갈등과 마찰로 국민통합(national integration)이 어려운 신생국이나 근대화를 추구하는 제3세계 국가에서 많이 볼 수 있는 현상이다.[10] 과거 우리나라의 유신정권이나 구소련, 중국 및 북한정권 수립 이후 실시한 정치교육도 같은 맥락에서 이해될 수 있다.

넷째, 정치교육은 개인의 건전한 비판력·판단력을 제고시켜 정치적 자아 성장을 도와주며 나아가 부당한 정치적 간섭과 국내외 체제 위협에 대한 저항 및 방어하는 기능을 한다.[11] 생활공동체의 안정과 유지라는 보수적 성향을 띤 정치교육이 지나치게 국민적 일체감이나 사회통합만을 강조하다 보면 과거 일본이나 북한처럼 국가주의로 흐를 수 있다. 이러한 국가주의적 경향을 방지하기 위해서는 정치교육이 체제와 개인 간의 부단한 상호작용 관계에 있어 독

---

10) 박광주, "집권관주의적 신중상주의 국가론: 권위주의 국가현상에 대한 새로운 접근", 한국정치학회 편, 『현대 한국정치와 국가』(서울: 법문사, 1986), pp.187－191.

11) 한민길, "개방적 정치교육으로서 통일교육의 과제", 『세계화와 민주화 시대의 정치와 교육』, p.6.

일과 같이 시민들 스스로가 사회적 환경을 바르게 인식하고 참여할 수 있도록 합리적 비판력과 판단력을 높일 수 있도록 도와주어야 한다.[12)

다시 말해서 정치교육은 기존의 사회체제에로의 통합, 국가의식의 생산, 민주주의의 어떤 게임 ― 지배 권력을 장악하고, 그 지배를 유지하기 위해 동원되는 ― 규칙에 적응하도록 유도하는 데 그쳐서는 안 되며, 한 체제를 위한 조작적 통합이나 조작을 통한 통제에 대항할 수 있는 저항력을 강화하는 데 그 목표를 두어야 한다. 오직 이러한 정치교육만이 역사적으로 불필요해진 정신적, 정치적 감독이나 지배로부터 해방되도록 도울 수 있고, 아울러 사회변화의 잠재력을 생산해 낼 수 있다.

그래서 정치교육은 그 구성원들이 자신들의 사회 환경에 적응하고, 사회의 한 부분으로 인식하는 것을 배워야 한다. 즉 그들은 개인적인 삶과 사회정치적 발전을 연결시킬 줄 알아야 하며, 동시에 사회적, 정치적 삶 속으로 뛰어들어, 자신의 사회적 이해관계를 인지하고 사회 속에서 자신의 정치적 위치를 발견할 수 있는 능력을 가져야 한다. 사회의 증대하는 조작기술의 정교함에 대항하고, 인간을 자신의 역사 및 사회의 역사적 발전의 주체로 만들도록 도와주는 것이 비판적 이성이다. 이를 통해서만이 인간은 자신의 해방과 방해가 되는 지

---

12) 황병덕, 『독일의 정치교육 연구』(서울: 민족통일연구원, 1995), pp.15 ─ 21.

배와 조작 메커니즘을 투시할 수 있고, 사회적 조작에 대항하는 저항력을 향상시킬 수 있다. 따라서 비판적 계몽으로써 정치교육은 사회제도, 구조와 동인에 관한 합리적 인식을 의미한다.[13]

요컨대 정치교육이 구성원 개개인에게 건전한 비판능력을 제고시켜 올바른 정치적 자아가 형성될 때, 국가로부터 부당한 압력에 대해 저항권[14]을 행사할 것이며, 나아가 생활공동체를 위협하는 외침에 대해서도 방어하려 할 것이다.

---

13) 권세기, "통일한국의 사회통합과 정치교육", 한국국제정치학회, 「제3회 한국정치세계학술대회논문집(1993. 7. 21 - 22)」, p.105.

14) 저항권에 대한 법률학자들 간의 여러 가지 학설이 있으나 대체적으로 저항권 행사는 극도의 사회적 혼란이 야기할 수 있으므로 저항권행사 요건은 필요 최소한에 국한되어야 한다고 주장하고 있다. 李寬熙, 『韓國民主憲法論 I』(서울: 博英社, 2004), pp.76 - 81.

제3장 남한 정치교육의 목적과 내용

1. 남한 정치교육의 목적

사회는 교육을 통해서 새로운 세대를 전통의 틀 속에서 끌어들이고, 나아가 한 나라가 이념으로 삼는 바람직한 인간 그리고 국가발전에 유익한 인재를 육성하는 역할을 한다. 이렇게 볼 때 모든 교육은 넓은 의미에서 정치교육에 포함된다 할 수 있으며, 이때 '바람직한 인간상'이란 정치이념이나 체제에 따라 달리 규정될 수 있다.[1] 그 나라가 지향하는 바람직한 인간상은 주로 교육이념에 나타난다. 여기서 교육이념이란 국가적 차원에서 실시하는 교육사업의 방향을 제시하고 그 사업 추진을 위한 행위의 지침 구실을 하는 이상적 준거를 의미한다.[2]

한국의 교육이념은 일제 식민지 해방과 더불어 시작되었다. 일제 치하에서 벗어나 새로운 민주공화국으로 출범하면서 설정하게 된 우리나라 교육의 기본이념은 민족주의·민주주의를 지향하는 방향의 것으로서, 그 이후 헌법이 무려 9차례에 걸쳐 개정되어야 할 정도로 큰 정변이 자주 있었음에도 불구하고 초기에 설정한 그 기본이념은 최근까지 변함없이 지속되고 있다. 하지만 그 이념의 구현을 위한 보다 구체적인 교육과제의 설정은 시대에 따라 다소 달라지기도 한다.

---

1) 이계희, "北韓의 思想政策과 政治敎育", 『統一問題硏究』(국토통일원, 1989. 봄), pp.235-236.
2) 박용헌, 『가치교육의 변천과 가치의식』(서울: 서울대출판부, 2002), p.13.

미군정하에서 구성된 「조선교육심의회」에서 설정한 교육이념은 "홍익인간의 건국이념에 터하여, 인격이 원만하고 애국정신이 투철한 민주국가의 공민을 양성함을 교육의 근본이념으로 한다."였다.3) 이러한 교육이념의 기본정신은 우리나라가 민주공화국으로 공식출범한 이후 제정한 교육법(1949. 12. 31. 법률 제86호)에도 그대로 반영되었으며, 그것은 오늘날까지 계속 우리나라 교육활동의 지도지침의 구실을 하고 있다. 그 교육법 제1조와 제2조는 다음과 같다.

제1조, 교육은 홍익인간의 이념 아래, 모든 국민으로 하여금 인격을 완성하고 자주적 생활능력과 공민으로서의 자질을 구유하게 하여 민주국가 발전에 봉사하며, 인류공영의 이상 실천에 기여하게 함을 목적으로 한다.

제2조, 전조의 목적을 달성하기 위하여, 다음과 같은 교육방침을 세운다.

① 신체의 발육과 유지에 필요한 습성을 기르며, 아울러 견인불발의 기백을 가지게 한다.

② 애국애족의 정신을 길러 국가의 자주독립을 유지발전하게 하고, 나아가 인류평화 건설에 기여하게 한다.

③ 민족의 교육문화를 계승 앙양하며, 세계문화의 창조발전에 공헌하게 한다.

---

3) 中央大學校 韓國教育問題研究所, 『文教史』(서울: 中央大學校 出版局, 1974), p.13.

④ 진리탐구의 정신과 과학적 사고력을 배양하여 창의적 활동과 합리적 생활을 하게 한다.

⑤ 자유를 사랑하고 책임을 존중하며 신의와 협동과 경애의 정신으로 조화있는 사회생활을 하게 한다.

⑥ 심미적 정서를 함양하여 숭고한 예술을 감상 창작하고, 자연의 미를 즐기며 여유의 시간을 유효히 사용하며, 화해와 명랑한 생활을 하게 한다.

⑦ 근검노작하고 무실역행하며, 유능한 생산자요, 현명한 소비자가 되어 건실한 경제생활을 하게 한다.

제1조의 진술은 그전에 "홍익인간의 건국이념에 터하여"를 "홍익인간의 이념아래"로 수정한 것이며, "인격이 원만하고 애국정신이 투철한 민주국가의 공민을 양성함을 교육의 근본이념으로 한다."를 "모든 국민으로 하여금 인격을 완성하고 자주적 생활능력과 공민으로서의 자질을 구유하게 하여"로 바꾸고, 그리고 전에는 없었던 "민주국가 발전에 봉사하며, 인류공영의 이상 실천에 기여하게 함"을 추가하고 있다.

이러한 수정은 '홍익인간'을 국가이념으로 계승한다는 종전의 민족주의 이념을 명시적으로 강조하려는 의도를 다소 완화하려 했던 것으로 보인다. 이러한 자구 수정과정에도 치열한 논쟁이 있을 것이나 교육법 제1조의 내용은 민족전통의 계승을 강조하려는 민족주의 진영과 서구사회에서 발달해 온 근대적 가치를 수용하려는 민주주의 진영 간에 합의된 결과의 산물이라고 보아야 할 것이다.

여기서 민족주의와 민주주의를 결합한 교육이념이 설정되었음을 볼 수 있다. '홍익인간'이란 글자 그대로 "널리 인간을 유익하게 한다."는 뜻으로 인간존중, 이타, 공동선, 공익, 박애 등 민주주의의 주요가치들을 함의하고 있는 것으로 해석할 수도 있다. 또 '홍익인간'은 단군설화에 나오는 건국이념으로 이를 계승한다는 것은 민족의 정체성을 확인하는 의미의 것이며, 나아가 서구사회에서 발전된 민주주의를 주체적으로 수용하겠다는 의지의 표명이라고도 할 수 있다.[4]

이와 같이 민족주의와 민주주의를 결합한 의미의 교육이념은 제1공화국이 출범하면서 헌법에도 반영되어 우리의 국가이념이 민족주의, 민주주의, 평화주의 등을 지향하는 의미의 것으로 명시되었다. 그 이후 수차례의 논의를 거쳐 민족주의와 민주주의를 통합하고 조화시키고자 하는 그 의도가 교육이념에 반영되어 오늘에까지 지속되어 온 것이다.[5]

---

4) 박용헌, 『민주화 세계화와 교육과제』(서울: 서울대출판부, 1996), p.242.
5) 1949년에 제정된 교육법의 교육이념은 2005년 11월 8일 일부 개정된 교육기본법(법률7685호) 제2조(교육이념)는 "교육은 홍익인간의 이념 아래 모든 국민으로 하여금 인격을 도야하고 자주적 생활능력과 민주시민으로서 필요한 자질을 갖추게 하여 인간다운 삶을 영위하게 하고 민주국가의 발전과 인류공영의 이상을 실현하는 데 이바지하게 함을 목적으로 한다."라고 규정하고 있다.

요컨대 우리의 교육이념은 민족주의와 민주주의의 기본가치를 조화적으로 구현하고자 하는 이상과 신념으로 정립되었으며, 이는 교육법 전문에 명시되어 있음을 알 수 있다. 교육기본법에 제시된 홍익인간의 개념을 보다 구체화시켜보면, 자아 및 공동체적 정체성 확립, 인간존중과 자아실현의 가치구현, 다원성의 존중, 공동선과 정의실현, 인류애와 평화애호정신 함양 등을 상위 교육목표로 설정해 볼 수 있다.[6]

여기에 제시된 가치들은 결국 헌법에 명시된 민족주의·자유민주주의·복지주의·세계평화주의에 입각한 자유민주주의적 인간형을 추구함을 알 수 있다. 이러한 교육이념이 곧 남한 정치교육의 기초가 된다고 하겠다.

2. 남한 정치교육의 변천과정과 주요내용

우리의 정치교육은 앞에서 살펴본 바와 같이, '홍익인간'이라는 구호 아래 민주주의와 민족주의에 따른 인간형성에 그 목적이 있으나, 이러한 목적은 각 정권의 성격에 따라 다소 달라지기도 하였다. 이를 살펴보면 다음과 같다.

---

6) 박용헌, 앞의 책(1996), pp.258 - 263.

1) 민주주의와 민족주의 교육

일제 36년간의 식민지 통치가 끝나고 맞는 해방은 우리의 희망과 달리 미소 양국이 한반도를 나누어 점령하였다. 먼저 소련군이 북한에 진주하였고, 뒤늦게 진주한 미군은 3년간 군정을 실시하였다. 당시 한국에 진주한 미군은 한국에 대한 예비지식이 없었고 맥아더 사령관으로부터 "한국에서의 미군정은 공산주의에 대항하는 보루를 구축하고", 2차적 목적은 "남한 지역을 민주화시킬 것"이라는 지시만 받고 왔다. 즉 한국에 진주한 미군의 최대 관심사는 소련의 세력팽창을 저지하고 공산주의에 대항하는 일, 즉 자유민주주의를 확보하는 것이었다.[7] 따라서 미군정하에 남한의 교육정책도 자유민주주의를 실시할 수밖에 없었다.

당시 미군정의 교육정책의 기본방향은 미국의 국익을 우선하는 원칙에 따라 교육에 있어서 한국민족의 자주성이나 독립성보다는 한반도에서의 소련 공산주의의 팽창을 저지할 수 있는 친미적 민주주의 국가수립을 우선시함으로써 이를 실현하는 데 요구되는 미국식 교육방법과 이론을 도입하여 정착시키는 데 있었다. 그 구체적인 형태가 바로 사회과의 도입이다.[8]

---

7) Bruce Cummings 외, 박의경 역, 『韓國戰爭과 韓美關係』(서울: 청사, 1987), p.19.

8) 鄭朱玹, 「美軍政期 社會生活科(*Social studies*)의 導入過程에 관한 硏究」(이화여자대학교 교육대학원 석사학위논문, 1993), p.28.

미 군정청하에서 발간된 사회과 교과서 중 6학년용 「우리나라의 발달」은 우리나라의 역사, 건전한 생활, 우리나라의 정치, 우리나라의 산업과 경제 등으로 구성되어 있다. 이 중에서 공통부분이라 할 수 있는 「건전한 생활」과 「우리나라의 정치」, 「우리나라의 산업과 경제」에 깔려 있는 기본입장은 전통적 가치와 이념을 부정하고 미국식 민주주의 정치에 대한 우월성의 강조와 산업발달 중 특히 공업발달의 중요성을 강조하면서, 아울러 자본주의체제의 우월성을 강조하고 있다. 이는 한민족에 대한 민족적 자긍심의 약화를 유도하는 표현과 맞물러 나타나고 있다.9)

정치적 혼란기에 실시된 민주주의 교육은 체계적이거나 조직적인 것은 아니었고, 교육내용 또한 민주주의의 원리나 제도보다는 주로 민주주의의 생활원리를 소개하는 수준에 그쳤다. 당시 민주주의 교육에 대한 인지도가 낮은 교사들에게 민주주의에 대한 재교육을 실시하기도 하였다. 이러한 과정에서 미국인의 생활과 당시 우리 생활을 단순 비교함으로써 우리의 전통적 가치관과 관습들을 은연중에 비판함과 동시에 미국식 자유민주주의의 우월성을 강조하기도 하였다.

---

9) 위의 논문, p.52; 당시 미 군정청 직원인 진츠(M.Zintz)라는 미군하사관의 주선에 의해 구입된 미국의 맥밀넌 출판사 발행 『민주주의 총서(*Democratic Series*)』 중 초·중등학교의 사회과 교과서로 채택된 「자유를 찾아서(*Toward Freedom*)」라는 책의 내용을 번역한 것이다.

미군정의 이 같은 태도에 대해 한국 교육학자들은 일제 식민지 교육과 일제에 의해 온존되었던 봉건주의적 교육 잔재 일소와 우리 민족의 우수성을 강조하는 민족주의 교육을 강조하기도 하였다. 당시 공민교과서에 나타난 가치교육도 민족주의 가치보다 민주주의 가치가 더 많았다. 그렇지만 민족·전통가치에서도 전통문화의 우수성에 대한 인식을 촉구하면서 그 창조적 계승의 필요성을 강조하고 있어 우수한 민족·전통가치를 계승하면서 민주·근대가치를 수용하려는 의도들이 분명히 제시되고 있다고 볼 수 있다.

<초·중등 공민학교 교과서에 나타난 가치교육 내용>[10)]

급별	민족전통가치	민주근대가치
초등	개천절, 단군임금, 화랑도, 전통문화의 우수성, 3·1운동, 한글창제, 단결, 희생봉사, 국기의 뜻, 민족성의 장점(문화창조의 독창성, 강인한 생명력)	자유, 권리, 인도, 책임, 의무, 정의, 인격, 존중, 준법, 규칙준수, 시간준수, 민주정치(인민의 국기, 법치정치, 대의정치), 세계평화, 국제교류, 민족성의 단점(의뢰심, 외면치레, 공덕심 부족, 단결심 부족)
중등	독립국가건설, 전통문화, 민족자존, 화랑도, 한글, 우리겨레의 사명, 국기의 뜻, 민족성의 장점(지구성, 도덕성, 문화적 독창성, 集成力)	자유, 책임, 인도주의, 정의, 규칙준수, 공덕, 자치, 국제주의, 호상신애, 이상, 국제교류, 세계평화, 민주정치(인민의 국가, 대의정치, 법치정치), 민족성의 결점(질서 및 조직성 부족, 천박한 낙천성, 외면치레, 의뢰심, 이상을 향한 열정부족)

---

10) 미 군정청 학무국에서 1946년 4, 5월에 펴낸『초등공민(5·6학년 합병용)』과『초등공민(하)』,『중등공민(상, 하)』분석자료, 박용헌, 앞의 책(2002), pp.225 - 226.

요컨대 광복 이후 미 군청에서 실시한 정치교육은 미국식 민주주의 교육이 중심이 되었으나 다른 한편으로는 민족주의 교육도 병행되었다고 볼 수 있다.

미군정의 종식과 더불어 출범하게 된 제1공화국(이승만 정권)의 정치교육은 앞에서 살펴본 바와 같이, 교육법에 나타나 있는 민족·전통가치와 민주·근대가치덕목들이다. 민족주의와 민주주의 가치를 조화있게 구현하려 한 우리의 교육이념이 지향하고자 한 기본적 취지는 교육법에 잘 나타나 있다고 하겠다. 그러나 교육법에 나타난 이들 가치덕목들이 민족·전통가치와 민주·근대가치의 대표적인 것이라고 할 수 있겠느냐는 의문을 가지고 본다든지 또는 교육이념의 기본목적과 학교 급별 교육목표들에 담겨 있는 가치덕목에 어떤 차이가 있느냐고 따져 본다면 그 회답이 궁색해질 수 있다는 뜻이 된다.

그러나 그 당시에 민족·민주가치 체계에 대해 우리가 가지고 있었던 연구수준과 이해 수준을 감안하여 이해하려 한다면, 민족·민주가치의 어느 한쪽으로 크게 기울어지지 않고 두 가치를 조화있게 구현하여 한 신념과 의지는 충분히 반영되었다고 해야 할 것이다.[11]

---

11) 위의 책(2002), pp.227-228.

〈교육법에 나타난 가치교육 내용〉

구 분	민족전통가치	민주근대가치
제1조, 제2조	홍익인간, 국가자주독립, 애국애족, 국가발전, 민족문화의 계승·발전, 봉사, 협동, 신의, 경애, 근검노작, 심미성	자주적 생활능력, 공민(민주시민)의 자질, 인격, 과학, 탐구, 창의, 합리, 자유, 책임, 무실역행
제94조, 제101조	도의심, 독립자존, 민족전통, 민족의식, 근로역행, 협동, 명랑, 심미성	개성, 자율, 공정, 진로탐색, 자립, 책임, 공덕심, 국제협력

하지만 이러한 교육법에 나타난 가치교육과 현실은 많은 괴리를 보였다. 건국 초기에 일어난 여러 가지 정치적 혼란과 민주주의를 경험해 보지 않는 일반 국민들의 낮은 의식수준 등 때문에 이러한 가치들은 규범적, 이념적 구호에 가까웠다고 보아도 무방할 것이다. 특히 건국 후 얼마 뒤에 일어난 6·25전쟁은 정치교육에도 낳은 영향을 미쳤다. 당시 이승만 정권은 6·25전쟁을 거치면서 국가와 민족의 중요성을 강조하는 민족주의 교육과 반공교육에 초점을 두었다. 반공교육을 강조하게 된 것은 전쟁으로 인해 공산당의 실상을 국민들이 피부로 깨달았기 때문이다.

그러나 이러한 정치교육의 경향은 이승만 정권 말기에 와서는 극단적으로 민주주의가 한국사회를 혼란케 하는 원인을 제공하는 것처럼 간주되기도 하였다. 또 학교교육에서도 민주주의의 일반적 원리를 강조하기보다는 도의교육을 통하여 정부에 충성하는 국민이

될 것을 역설하였다. 이는 결국 학교에서 가르쳤던 민주주의 교육과
상치되는 것으로 이승만 정권의 장기집권과 독재정권을 합리화하기
위한 신민적 교육으로 변질되었다.[12]

이승만 정권 말기 초·중등학교를 통해 민주주의 교육을 학습한
바 있는 학생들은 민주주의를 어느 정도 이해하고 있었고, 특히 민주
주의 이상과 그 원리에 따라 현실을 평가하는 능력을 어느 정도 가지
고 있었다. 학교에서 배운 민주주의와 현실 독재정치와의 괴리를 느
낀 학생들은 급기야 이승만 정권을 타도하기에까지 이르게 되었다.
아이러니하게도 이승만 정권은 미군정기 때부터 강조하여 가르쳐왔
던 민주주의 정치교육을 학습한 학생들에 의해 무너지고 말았다.

4·19혁명을 주도했던 당시 대학생들은 대체적으로 미군정기와 이
승만 정권 초기에 초, 중, 고등학교 때 민주주의를 교육받았던 사람
들이었다. 그들이 청년이 되었을 때 학교에서 학습한 민주주의와 현
실정치, 즉 이승만 1인 독재체제와의 차이를 줄이고자 한 것이 4·19
혁명이었다. 이는 통치 권력의 정당화를 도모하기 위해 정치사회화
과정을 통해 주입한 통치이념이 다시금 통치 집단에 대항하는 대항
이념으로 변형되어 갈등행위의 발생을 촉진한 것이라고 하겠다.[13]

---

12) 손풍삼, 『한국의 정치교육과 정치발전』(서울: 연방컴, 1996), pp.141 - 142.
13) 李海成, 『統治體制의 矛盾과 學校教育』(서울: 청아, 1988), p.131.

요컨대 미군정이 자국의 이익을 위해 소개한 자유민주주의 교육이 이승만 정권에 의해 그대로 수용될 수밖에 없었고, 비록 현실 정치는 비민주적 파행을 계속하였으나 그때 실시한 자유민주주의를 수용하기 위한 정치교육은 이승만 정권을 타도하는 데 결정적 역할을 하였다. 또한 건국 초기 강조되었던 민족주의 교육과 6·25전쟁을 통한 강도 높은 반공교육은 지속적으로 맥을 이어 국민들에게 많은 영향을 주었다. 아무튼 미군정을 비롯한 건국 초기의 정치교육은 비록 체계적·조직적으로 이루어지지 못하고 이념적 성향이 강하였으나 시간이 지남에 따라 국민들에게 내면화되어 한국의 정치발전과 민주주의에 크게 기여하였다고 평가하여도 좋을 것이다.

2) 반공교육과 충효교육

1961년 5·16쿠데타로 집권한 군사정권은 "반공을 국시의 제1로 삼고 지금까지 형식적이고 구호에만 그친 반공체제를 재정비한다."고 선언함으로써, 그 정권의 기본성격을 분명히 했다. 또 '국가 자주경제'의 달성과 '공산주의와 대결할 수 있는 실력의 배양'을 국정수행의 우선과제로 제시하였다.[14)

군사정권은 혁명의 6대 공약에 따라 5월 26일 ① 간첩침략의 분쇄, ② 인간개조, ③ 빈곤타파, ④ 문화혁신 등 4개 항목의 기본목

---

14) 文昌周, 『韓國政治論』(서울: 博英社, 1975), p.234.

표를 제시하고, 나아가 광범위한 교육개혁을 단행하였다. 간첩침략의 분쇄는 반공 및 국방교육을 철저히 하는 것으로서, 민주주의에 대한 연구, 용공 및 중립주의의 배격, 교과학습, 특별강좌, 시국강연 등을 철저히 할 것과 정치활동 엄금 및 강화를 뜻하는 것이었다. 인간개조는 정신혁명을 뜻하는 것으로 도의교육의 강화를 비롯하여 국민 신생활 운동 전개, 민주주의 수호, 교육의 질적 향상을 의도하는 것이었다.

그리고 빈곤타파는 생산 기술교육 및 실업교육의 강화와 향토교육을 강화하려는 것이었고, 문화혁명은 신민족 문화 창달을 통한 민족문화 앙양, 건설적인 문화예술 운동, 외국문화 수입 태세확립 등을 의미하는 것으로, 이러한 정책들은 그전부터 강조되어 오던 것이어서 목표로 제시된 항목의 표현이 강한 만큼 획기적인 것이라고 할 수는 없었다.

군사정권은 당시 사회의 모든 구악과 부패를 일소하고 퇴패한 국민도의를 바로잡기 위하여 청신한 기풍을 진작시키는 국민운동의 선봉적인 역할을 다짐하고 나섰다. 여기에 인간개조의 혁명과업 완수의 기본적인 목표가 수립되었고, 또 이에 따라 문교행정의 기본방향도 인간개조를 제시하게 되었다.15)

이렇게 군정을 거쳐 집권한 박정희 정권은 국가의 기본목표를 자

---

15) 손풍삼, 앞의 책, pp.164 - 165.

주 국가건설과 경제개발에 두었다. 이러한 국가목표로 인하여 교육
정책도 자주 국가건설을 위한 민족문화 애호사상고취 교육이 강조
되었고, 또 경제건설을 위한 교육도 아울러 강조되었다. 민족문화애
호사상 고취를 위한 교육에서는 건전한 국민도의의 확립(자주 자립
정신의 확립, 승공도의의 앙양, 협동 단결력의 강화), 민족주체성의
확립(자주독립정신의 함양, 반공도의 교육 강화, 단결협동정신 배양,
민족문화 애호사상 고취)을 그리고 경제건설을 위해서는 경제성장
에 기여하는 기술의 추진(건설적 창의적인 생활태도의 육성, 생산기
술의 연마, 합리적 경제생활의 실천)에 역점을 주었다.

  박정희 정권은 경제개발 5개년 계획 등으로 놀라운 경제성장을 이
룩하였다. 특히 새마을운동은 수천 년 동안 가난에 젖어온 국민들의
잠재의식을 깨우치는 일종의 국민의식개혁운동으로 국민의 전폭적
지지를 받았다. 그 결과 우리 경제는 세계가 놀랄 정도로 성장하였
고, 이러한 경제성장에 힘입어 70년 초중반부터는 남북한 체제경쟁
에서 우리가 북한을 앞지르게 되었다.
  한편 박정희 정권은 경제건설의 부작용으로 인한 황금만능주의,
사치와 낭비풍조, 공무원의 부정부패, 타락된 윤리관 등 일부 사회
적 부작용을 의식하여 「제2의 경제」건설을 역설하였다. 또한 당시
경제건설 치중으로 인한 물질만능주의에 따른 교육이념 부재현상을
지적하여, 하루속히 한국교육이념 정립의 필요성을 지적하여 만든
것이 1968년 12월 5일 제정한 「국민교육헌장」이다.[16] 국민교육헌장

은 우리교육의 이념을 민족중흥에 초점을 두고, 조국 근대화와 주체성 확립, 반공정신의 투철화에 두었다. 이러한 이념을 구현하기 위하여, 전국 학생, 공무원들에게 국민교육헌장 전문을 암송토록 하였고, 필요한 곳에 게시하고 행사 때에는 이를 반드시 낭독하도록 하였다.

그러나 1972년 전격 단행한 10월 유신 이후의 정치교육은 주로 민족주체성, 민족사관, 충효교육, 안보교육, 국가관 확립, 조국근대화, 한국적 민주주의 등을 주요 이념으로 표방하여 유신체제의 정당화와 합리화하는 데 이용되었다.[17] 특히 그중에서도 역점을 둔 정치교육은 정권에 순종하게 하는 일종의 「충효교육」이었다. 전통 유교사상에서 중시되어 왔던 충효교육을 유신정권하에서 강조한 것은 무엇보다도 효를 중심으로 한 가부장적 권위 질서체제를 국민들에게 내면화시키려고 노력하였다. 정권의 이 같은 교육적 노력으로 인해 효도에 대한 국민적 의식이 과거보다 많이 높아졌다.[18] 그러나 박정희 정권이 이렇게 충효를 강조하는 것은 건전 비판을 통한 국민통합보다는 독재정권에 충성하게 하여 유신정권을 유지하려는 데 그 목적이 있었다는 비판이 제기되고 있다. 즉 '70년대 후반에 있었던 충효교육은 단순한 도덕교육 차원이 아니라 독재정치를 정당화

---

16) 中央大學校, 앞의 책, pp.350 - 360.

17) 韓萬桔, "教科課程과 國家의 社會統制", 『교육개발』(제8권 제4호), pp.88 - 89.

18) 박용헌, 앞의 책(2002), pp.300 - 302.

하려는 의도에서 시도된 정치교육적 성격이 강했다.[19]

요컨대 박정희시대에 강조되었던 새마을교육도 출범 초기와는 달리 순수성을 잃고 지나치게 반공중심의 교과과정으로 개편되었고, 한국적 민주주의교육은 민주주의의 보편성보다는 한국적 특수성을 강조하여 유신독재를 옹호하는 내용으로 구성되었다. 특히 유신독재체제를 합리화하기 위해 만들어진 「한국적민주주의」는 정부의 강압적인 홍보에도 불구하고 국내외적으로 지지를 받지 못했다. 그래서 교육을 담당한 교사들조차도 교과내용을 충실히 다루기보다는 민주주의의 보편성을 강조하여 교과내용을 외면하여 실효성을 거두기가 어려웠다. 이렇게 되자 박 대통령 말기에 시도된 정치교육은 국민통합과 사회통합에 별다른 도움을 주지 못하고 역효과만 가져왔고 오히려 정치적 불안정만 증폭시켰다.[20]

3) 국민정신교육과 이데올로기비판교육

제5공화국 정부는 출범 초기(1980)에 이미 헌법의 전문에도 명시되어 있는 '민주 복지국가의 건설'을 위해 민주주의의 토착화, 복지사회의 건설, 정의사회의 구현, 교육혁신과 문화 창달이라는 4대 국

---

19) 韓國敎育開發院, 『韓國敎育政策의 理念(2)』(서울: 韓國敎育開發院, 1986), pp.90－94.
20) 裵燦福, 『南北韓의 政治社會化』(서울: 法文社, 1989), pp.105－106

정지표를 설정 제시하고, 그중 교육혁신을 전인교육, 정신교육, 과학교육, 평생교육 등 4개 영역의 개혁을 통해 달성하고자 하였다. 특히 그중에서도 정신교육 개혁은 먼저 사회정화위원회를 중심으로 추진되었으며 주로 부패추방운동과 국민의식개혁운동을 범국민적 운동으로 승화·발전시키고자 하였다.21)

또한 종전까지 실시해 온 반공교육, 도덕교육, 국민윤리교육, 새마을 교육, 의식개혁운동, 이념교육, 이데올로기 비판교육 등 다양한 명칭의 단편적이고 산발적인 교육을 국민정신교육으로 종합화·체계화를 시도하였다.22) 국민정신교육에서 다룬 주요내용은 헌법에 명시된 민족·민주·정의·복지의 국가이념과 교육법에 명시된 홍익인간의 교육이념을 토대로 하여 첫째 민족·국가공동체 의식과 애국애족 정신의 함양, 둘째 국력신장 의지와 진취적 기상의 고취, 셋째 민주국민의 자질과 능력의 함양 등이었다.23)

제5공화국은 당시 대학가 일가에서 좌경사상 내지 급진사상이 확산되고 학생운동이 과격화되어 가자 이를 우려하여 그 당시 교육부 장관의 주도하에 이데올로기 비판교육을 추진하려 하였다. 이데올로기 비판교육이란 현실을 왜곡하는 개념이나 이론으로써 대학생은 물론 국민대중의 의식구조나 사상 성향을 잘못 오도할 우려가 있는 이

---

21) 조영재,『사회정화 운동과 국가발전』(서울: 홍진서적, 1986), pp.17 - 20.
22) 한국정신문화연구원,『국민정신교육총람』(성남: 한국정신문화연구원, 1986), pp.11 - 13.
23) 위의 책, pp.13 - 14.

데올로기에 대하여 건전한 비판적 안목을 갖게 하고자 시도된 교육
이었다.

당시 이데올로기 비판교육에서 다루었던 주요 내용들은 종속이론,
해방신학, 네오마르크시즘과 자유민주주의의 장점을 부각하여 비교
하는 내용 등이었다.24) 이렇게 실시된 제5공화국 정치교육의 특징
은 국가의식, 민족의식, 민주의식 강화에 역점을 두었으며, 특히 민
주의식의 함양보다는 국가의식과 민족의식의 함양에 상대적으로 큰
비중을 두었다. 또한 민주의식도 민주주의 이념에 대한 직접적 강조
나 실천적 덕목보다는 공산주의에 대한 비판을 통한 간접적 교육에
역점을 두었다.

이와 같이 전두환 정권이 공산주의 비판을 통해 체제의 우월성을
강조한 것은 정권출범 초기에 남북관계 긴장이 계속되었고, 특히
'80년 광주민주화운동 이후 이른바 학생운동권의 이념이 체제 변혁
적 성향을 띠면서 과격행동이 잦아 정치적 불안정이 계속되었기 때
문이었다.25) 민주적 절차를 무시하고 출범하였다는 생태적 약점을
안고 있는 정권이었기 때문에 민주주의에 대한 보다 긍정적이고 바
람직한 민주시민교육은 정권에 부담이 아닐 수 없었다.

---

24) 서울대학교 현대사회사상연구회 편,『이데올로기와 사회변동』(서울: 서
    울대출판부, 1986) 참조.
25) 자세한 내용은 조희연, "80年代 民主化運動과 體制論爭", 강광식 외,
    『現代 韓國體制論爭史 研究』(성남: 한국정신문화연구원, 1992) 참조.

따라서 정치교육도 민족주체성을 강조하는 한편 민주주의 정착을
위한 민주시민교육보다는 북한 공산체제와의 체제경쟁에서 정권의
상대적 우월성을 강조하고, 나아가 정권에 도전하는 반정부 세력을
방어하는 이데올로기비판교육에 역점을 두었다. 결국 제5공화국이
그동안 산발적으로 이루어졌던 정치교육을 체계화·조직화하려고
노력하였으나 정통성 결여라는 정권의 약점을 때문에 기대한 만큼
의 효과는 거두지 못하였다.

4) 민주시민교육과 도덕교육

권위주의의 청산과 민주화라는 표어를 내걸고 출범한 제6공화국은
4대 시정방침인 민족자존, 균형발전, 민주화합, 통일번영을 제시하였
다. 정부의 이러한 시정방침에 따라 교육정책의 방향도 민주화와 자
율화에 역점을 둘 수밖에 없었다.[26] 당시 노태우 정권은 해방 이후
오랫동안 민주주의교육을 실시하였음에도 불구하고 민주주의가 생활
양식으로 정착되지 못하고 오히려 민주적 제도의 운영에 대한 불신
감만 팽배하였다고 보았다.

그래서 수년 전부터 무절제한 욕구의 분출로 인한 계층 간의 갈
등이 심화되고 개인적인 이기주의가 고조되어 기본적인 사회규범이
와해되고 일탈행위가 표출되는 등 사회문제가 끊이질 않아, 이러한

---

26) 『第6共和國 實錄4』(서울: 공보처, 1992), pp.38－40.

현실 여건을 타개하기 위하여 민주주의 생활윤리에 대한 경험을 축적게 하고 지방화·개방화 시대에 걸맞은 민주시민교육과 도덕교육을 강화할 필요성이 제기된 것이었다. 즉 인간의 존엄성에 대한 신념의 내면화, 개인의 합리적 의사결정 능력 배양, 민주적 절차 및 과정에의 숙달을 통해 21세기 주역으로서의 민주시민상을 구현하며, 전인교육을 통해 민주적 공동체 형성에 필요한 민주시민 의식과 가치관 및 태도를 육성해 나가야 할 과제를 안게 되었다는 것이다.

이러한 맥락에서 정부는 자라나는 세대에게 민주시민으로서의 자질 함양교육을 강화하기 위해, 첫째 교사의 민주시민 교육에 대한 지도력을 강화하며, 둘째 학교교육을 통한 민주시민 자질 함양교육 활동을 내실화하며, 셋째 교육내용을 보완하고, 넷째 민주적 생활훈련을 강화하는 등 교육활농을 선개하기로 하였디.[27]

그러나 노 정권은 5·18에 관한 끊임없는 시비와 미온적인 5공 척결 등에 대한 대학생들과 재야의 저항이 끊이질 않아 사회적 불안정이 계속되었다. 이러한 문제를 해결하고자 한때 국무총리실에 이념문제를 전담하는 기구(제5조정관실)를 두었으나 전두환 정권 때의 정치교육에 대한 부정적 영향 등으로 인해 큰 효과를 거둘 수 없었다.

한편 한국병 치유를 위한 「신한국건설」을 내세우며 제6공화국에 이어 등장한 김영삼 정권은 정통성과 도덕성을 갖춘 정권임을 내세워

---

27) 교육부, 『교육월보』, 1991년 12월호, pp.24－25.

대대적인 사정과 부정부패 일소를 주장하면서, 공직자 재산등록제, 금융실명제 등 과감한 개혁정책을 수행하여 출범 초기 국민들의 전폭적인 국민적 지지를 얻었다.[28] 여기에 힘입어 이른바 '5·18 광주사태'와 '12·12사태'를 잘못된 역사라고 규정하고 「역사바로세우기」운동을 주장하면서 전두환, 노태우 등 전직 대통령을 수감하는 등 과감한 개혁정책을 추진하였다.

그러나 정권 말기에 한보사건 등 정치자금 문제 등으로 정국이 혼돈을 겪게 되었고, 급기야 IMF 경제위기로 좌초하는 정권으로 막을 내리고 말았다. 그렇게 되자 문민정부가 주창하던 「신한국 건설」과 「역사바로세우기운동」도 흐지부지되고 말았다. 결과적으로 노태우·김영삼 정권은 우리 사회가 정치적·사회적 민주화로 이행하는 과도기 정권으로 민주발전을 위한 제도적 장치 마련에는 많은 성과를 거두었으나 국민의식을 변화시키는 정치교육적 측면에서는 별다른 결실을 거두지 못하였다.

한편 김대중의 국민의 정부는 들어서자마자 「제2의 건국」슬로건을 내세우며 1998년 10월 1일자 대통령령 제15930호로 '제2의 건국 범국민추진위원회 규정'을 제정하고, 500명에 이르는 '제2의 건국 범국민추진위원회'라는 행정조직을 만들었다.[29] 그러나 관주도의 국민

---

28) 김영삼, 『우리 모두는 승리할 것이다』(서울: 동광출판사, 1994), pp.15−49.
29) 제2건국위 규정 제1조는 목적을 "제2의 건국이념을 바탕으로 민주주의와 시장경제를 완성하기 위한 국정전반의 개혁과 범국민운동의 효

운동에 식상한 국민들로부터 별다른 호응을 얻지 못하였다. 또한 준비 없이 출발한 국민운동이어서, 정치교육적 측면에서도 별다른 성과를 이루지 못했다.

또 노무현의 참여정부는 과거의 잘못된 역사를 바로잡는다는 뜻에서 각종 과거사진상규명위원회를 만들어 활동하였으나 기대만큼의 성과를 거두진 못하였다. 참여정부는 정치교육에 관해 관심을 두지 않았다. 이는 아마 과거의 정권들이 거창한 구호를 내걸고 한 정치교육이 정권유지에 이용되었다고 보고, 보다 중요한 것은 왜곡된 과거 역사를 바로잡은 일이라고 생각했던 것으로 보인다.

요컨대, 남한 정치교육은 홍익인간의 이념하에 민주주의 가치와 민족주의를 내면화한 민주시민을 양성하는 데 그 목적을 두고, 개인과 인격과 개성을 존중하는 다양성이 사회문화 체계에 반영되는 교육을 실시하여 왔다.[30] 비록 정치권력이 바뀔 때마다 굴절되는 인간형이 요구되기도 하였으나 민주주의에 토대를 둔 교육내용은 바꾸어지지 않았다. 그 결과 세계에서 민주주의를 성공적으로 정착한 나라로 평가받고 있다.

율적인 추진 및 지원에 관하여 대통령의 자문에 응하기 위하여 대통령 소속하에 제2의 건국 범국민추진위원회를 둔다.”고 되어 있다.

30) 전숙자, “북한교육에 나타난 인간관”, 『남북한 사회통합』(서울: 민족통일연구원, 1997), p.85.

제4장 북한 정치교육의 목적과 내용

1. 북한 정치교육의 목적

공산주의는 교육은 정치에 종속된다고 보고 있으며, 자본주의는 물론 과거의 모든 교육이 지배계급의 지배와 착취를 합리화하는 도구로 사용되었다고 본다. 마르크스와 엥겔스는 자본가 계급을 위한 자본주의 교육을 비판하였고, 나아가 그들에 의해 노동계급 요구에 맞는 공산주의 교육이론을 주장하였다. 이와 같이, 사회주의 국가에서의 교육은 철저히 정치적 목적이나 정치권력의 수단으로 간주되고 있으며, 나아가 교육목표는 공산주의적인 인간형성, 즉 공산주의적 세계관을 확립하고 공산주의 사상으로 무장한 혁명적 투사를 길러내는 데 있다.[1]

과거 착취계급 사회에 복무한 노예적, 봉건적, 자본주의적 교육리론과 교육방법은 그 모두가 착취제도를 옹호하기 위하여 만들어진 것으로서 그 어느 것도 사람들을 사회발전을 추동하는 힘 있는 존재로서가 아니라 자연과 사회 앞에서 무기력하고 인격의 전면적 발전이 심히 억제된 노예적 인간, 기형적 인간을 만들어 통치계급의 지배와 착취를 합리화하는데 이용되었다.

맑스의 발생은 교육리론발전에서 새로운 단계를 열어 놓았으며 로동계급의 과학적 교육리론의 시초로 되었다. 맑스, 엥겔스에 의하여 자본주의교육리론이 비판되었으며 교육에 대한 로동계급의 요

---

1) 최준영, 「북한소학교 공산주의 도덕 교과서 분석연구」(서울교육대학교 교육대학원 석사학위논문, 2004), p.18.

구로서의 공산주의교육 시책에 대한 일련의 리론들이 제기되었다. 레닌은 맑스, 엥겔스의 교육리론을 계승하면서 그것을 정권을 잡은 후 로동계급이 실시하여야 할 교육시책으로 내세우고 그 실현을 위하여 투쟁하였다.[2]

1945년 분단 이후 북한도 남한과 마찬가지로 1948년 정권이 수립되기 이전 3년간 소련의 군정을 받았다. 소련 군정기하 북한교육의 목적은 '진보적 민주주의 교육'이었으며, 여기서 '진보적 민주주의 교육'이란 소련을 모델로 한 사회주의 교육을 지향하는 것이었다.[3] 당시 실시한 교과 과정에는 '인민', '사회과학', '맑스-레닌주의'와 같은 정치교양을 위한 특수과목이 설치되었고, 특히 사회교육기관에서 소련의 국가이익과 북한정권의 정당성을 강화하고 합리화하는 사회주의 정치교육이 대대적으로 실시되었다.[4]

김일성은 정권수립 이후에도 한동안 소련의 공산주의의 교육제도와 원리에 따라 학제와 교육행정, 교육이념도 마르크스-레닌주의적인 기본노선과 내용을 그대로 노입하었다. 1961년 심일성은 7개년 경제개혁(1961-67)을 발표하면서 다음과 같은 교육정책을 제시하였다.[5]

---

2) 『주체사상에 기초한 사회주의 교육리론』(평양: 사회과학출판사, 1975), p.2.

3) 신효숙, 『소련군정기 북한의 교육』(서울: 교육과학사, 2003), pp.278-279.

4) 위의 책, pp.281-283.

5) 김동규, 『사회주의교육학』(서울: 주류, 1988), pp.392-393.

1) 청소년들로 하여금 당과 혁명 그리고 전면적인 인격발달을 위한 방향으로 교육한다.

2) 교육은 생산노동과 밀접한 관계를 갖도록 진행시킨다.

3) 기술교육을 강화한다.

4) 중등과정에서의 직업기술 교육은 공장대학의 확충으로 그 수준을 높인다.

5) 누구나 한 가지 이상의 기술을 습득하도록 성인교육 기관을 확충한다.

6) 문학과 예술교육은 천리마운동에 있어서 도움이 되는 내용으로 인민들을 교육시킨다.

7) 공산당은 당의 정책을 성공적으로 수행하기 위하여 모든 부문에 걸쳐서 지도 감독자의 교육을 강화한다.

또 1961년 9월 김일성이 제4차 당 대회 보고에서, "맑스－레닌주의의 교육이론을 철저히 구현하는 것이야말로 우리나라 사회주의 사회건설의 요구에 전적으로 부합되는 것이다."라고 강조한 바 있듯이, 북한의 교육학은 1960년대까지도 소련의 교육학을 기본으로 하여 전개되어 왔다.[6] 그러다가 1970년 11월 제5차 당 대회에서 자신들의 교육제도를 가리켜 '맑스－레닌주의 교육이론을 철저히 구현한 것'에 그치지 않고, "우리의 사회주의 교육학이 더욱 완성되었으며, 학교교육 사업에서 주체와 노동계급의 선(線)이 똑바로 서고 교육이 과학이

---

6) 위의 책, pp.387－388.

론 수준이 더욱 높아지게 되었습니다."라며 '우리의 사회주의적 교육학'이란 용어를 사용하면서 교육의 정치적 위상과 함께 학교교육의 성격을 새롭게 천명하였다.[7]

1972년에 북한은 조선로동당규약 제39조에 "국가는 사회주의 교육학의 원리를 구현하여 후대들을 사회와 인민을 위하여 투쟁하는 견결한 혁명가로, 지·덕·체를 갖춘 공산주의적 새 인간으로 키운다."라며, 사회주의 교육학의 원리를 분명하게 밝혔다. 특히 '다방면으로 발전된 인성'이니 '새로운 형의 인간상'이란 용어가 교육목적과 내용으로 중심개념으로 나타나고 있다. '다방면으로 발전된 인성'이란 지·덕·체의 조화로운 인성을 뜻한다고 서구적 의미로 표현하고 있으나, 사실은 당이 요구하는 어떠한 임무에도 기능을 발휘할 수 있는 능력 소유자를 뜻하며, 특히 생산노동에 있어서 다양한 기술을 습득하고 전문지식을 구비한 사람을 뜻한다. 북한이 주장하는 '새로운 인간형'이란, 조선로동당 규약에서 당원의 자격과 이상적인 인간상을 내세운 내용과 일치하는 것으로 소개하면 다음과 같다.

1) 당과 수령에 무한히 충성하는 주체형의 공산주의혁명투사
2) 혁명전통의 계승발전
3) 당 정책에 대한 무조건적 복종

7) 김일성, 「조선로동당 제5차 당대회에서 한 중앙위원화 사업총화 보고」, 「로동신문」, 1970년 11월 3일자, 국제문제연구소, 『공산권 자료』(1970. 12, 상권), p.27 재인용.

4) 혁명적 학습기풍 확립

5) 혁명적 군중노선 관철

6) 노동과 생활에서 대중의 모범

7) 공산주의적 도덕성과 품성소유

8) 사회주의 조국의 튼튼한 보위

9) 혁명규율과 질서 준수

10) 생활총화와 사상투쟁을 통한 단련

11) 사업과 생활문제 당 조직에 보고

이러한 교육목표에는 집단주의 정신의 함양이나 공산주의 국가를
제외한 모든 자본주의 국가들에 대한 증오심의 고조를 통한 애국심
의 발로, 노동자와 농민계급에 의한 공산주의 계급혁명 정신의 함양
등이 주요목표로 설정되어 있다.[8]

또 북한 헌법은 "국가는 사회주의 교육학의 원리를 구현하여 후대
들을 사회와 인민을 위하여 투쟁하는 견결한 혁명가로, 지·덕·체
를 갖춘 공산주의적 새 인간으로 키운다(제43조)."라며, 사회주의 교
육원리에 입각한 새로운 공산주의 인간을 만드는 것이 교육의 목적
임을 명시하고 있다. 1977년 9월 5일 공포한 <사회주의 교육에 관한
테제> 서문에서 "사회의 주인인 사람들을 공산주의적으로 교양 개조
하여야 공산주의 건설의 근본문제를 해결할 수 있다."라며 공산주의
새 인간 양성을 위한 사상개조를 주장하였다.

---

8) 김동규, 앞의 책, pp.393 - 394.

　북한이 1999년 제정 공포한 교육법 제3조에도 "건전한 사상의식과 깊은 과학기술지식, 튼튼한 체력을 가진 믿음직한 인재를 키우는 것은 사회주의 교육학의 기본원리이다."[9]라며, 지·덕·체를 고루 갖춘 공산주의 인간교육을 교육의 목적으로 삼고 있다. 다시 말해서 북한에서 공식적으로 주장하고 있는 교육의 목표는 사회주의 교육학이 공통적으로 제시하고 있는 공산주의 건설에 필요한 지·덕·체를 갖춘 공산주의 인간을 양성하는 것이라 하겠다.

　그러나 북한은 주체사상이 유일사상체제로 전환되어 가면서 교육의 목적도 실질적으로 '사회주의 인간형'에서 '주체형의 공산주의 혁명가' 양성으로 무게 중심이 이동하고 있다. 그러면 주체사상에 입각한 인간형은 어떠한 인간형을 말하는가? 김정일은 1986년 7월 15일 조선로동당중앙위원회 책임일군들과의 대담에서 "주체사상교양은 우리당의 지도사상인 주체사상으로 당원들과 근로자들을 튼튼히 무장시켜 그들을 참다운 주체형의 공산주의혁명가로 키우기 위한 사상교양사업입니다.[10]"라며, 주체사상교양은 '주체형 공산주의 혁명가'를 양성하기 위한 교육임을 밝힌 바 있다.

　북한은 김정일의 이러한 지시에 따라 '주체사상 교양은 주체혁명위업의 완성을 위한 필수적인 사상교양'이라며, "주체사상교양을 강

---

9)　한국교육개발원, 『북한교육관계법령연구』(서울: 한국교육개발원, 2000), p.174.
10)　『김정일선집(제8권)』, p.432.

화하여야 사람들을 주체사상을 세계관으로 하고 수령에 대한 끝없는 충실성을 제일생명으로 간직한 참다운 주체형의 공산주의혁명가로 키울 수 있으며, 자연과 사회를 주체사상의 요구대로 개조하는 사회를 성과적으로 진행하여 온 사회가 주체사상화된 공산주의사회를 건설할 수 있다."라며 주체사상의 교양을 통해 수령에게 충성할 것을 주장하고 있다.

아울러 "혁명의 주체인 인민대중을 자주적인 혁명사상으로 무장시켜 혁명대로의 사상 의지적 통일을 보장하며 인민대중이 혁명과 건설에서 주인의 지위를 차지하고 주인의 역할을 다하도록 하는 데 있다.[11]"라며 주체사상 교양의 근본 목적을 밝히고 있다.

그리고 주체사상 교양에는 당 정책교양과 혁명전통 교양, 당과 수령에 대한 충실성 교양, 계급교양, 집단주의 교양, 사회주의 애국주의 교양, 공산주의 도덕교양 등이 포함되며, "당에는 주체사상체계 밖의 다른 사상체계가 없는 그 어떤 다른 사상체계가 필요 없으며 주체사상 교양과 인연이 없는 그 어떤 다른 교양이 있을 수 없다."[12]라고 주장하고 있는바, 이는 김일성유일사상 체계를 강조하고 있는 것이라 하겠다.

요컨대 북한의 정치교육은 보편적 사회주의 교육에서 주체사상 및

---

11) 『조선대백과선전 19권』(평양: 백과사전출판사, 2000), p.344.
12) 위의 책, pp.343 – 344.

유일체제를 확립하는 과정에서 북한의 특수성을 강조하는 '주체교육'으로 강화되어 가고 있다. 사회주의 인간형이 인민과 집단을 위해 공산주의에 헌신하는 사람을 길러내는 것이라면, 주체형 인간은 인민과 당과 수령은 하나라는 논리에 의해 '수령에 충실한 혁명전사'를 키우는 것이다. 특히 1990년대 북한이 위기상황이 고조되면서 '김일성·김정일의 충성동이와 효자동이', '수령결사옹위정신'으로 무장한 인간형을 강조하고 있다.

결국 북한정권이 주장하는 주체형의 인간이란 '공산주의 건설자'라는 보편적 의미보다는 북한의 유일체제의 안정적 재생산을 목적으로 체제유지와 재생산의 역할을 담당하는 '김정일체제의 수호자'를 뜻하는 것이다.[13]

2. 북한 정치교육의 변천과정과 주요내용

자유민주주의는 "인간의 존엄성에 최고의 가치를 부여하고 인간 각자의 자아실현과 공동선 구현"을 그 목석으로 하기 때문에 교육내용 또한 자유와 평등, 정의, 합리적 절차, 다양성, 참여, 책임과 의무 등의 구현하고자 한다. 이에 반해 인간의 경제적 평등에 많은

---

13) 신효숙, "교육제도의 형식과 내용: 사회주의 인간형에서 주체형 인간 양성으로", 박호성·홍원표, 『북한사회의 이해』(서울: 인간사랑, 2002), p.238; 신효숙, "북한교육 연구의 성격과 과제", 『통일정책연구(15권 1호)』(통일연구원, 2006), p.143.

가치를 두고 있는 사회주의 교육은 우리와 많은 부분에서 차이가
난다.

마르크스이론에 토대를 둔 공산주의 교육학은 주로 소련의 레닌
과 스탈린, 그리고 중국의 모택동, 북한의 김일성에 의해 실천되어
왔으나 나라에 따라 다소 차이는 있지만 대체적으로 다음과 같은
원리를 견지하고 있다.[14]

1) 사회주의 교육의 원리

■ 증오사상의 고취

마르크스는 그가 쓴 『자본론』에서 자본주의적 사회구조와 경제체
제에 대한 비판을 하고 있다. 즉 소수의 자본가 계급이 프롤레타리
아를 착취한다고 보고, 자본가 계급과 권력자에 대한 원한과 복수심
그리고 기독교에 대해 강렬히 비판하였다. 마르크스의 증오심과 복
수심은 1837년에 쓴 『희곡』에는 "신의 세계가 다 없어지더라도 복
수만은 남는다.", "높이 군림한 저 자에게 당당히 복수하련다." 등
이 나타나고, 1843년의 『헤겔 법철학 비판』에서는 "철학이 프롤레
타리아에서 그 물질적 무기를 발견하듯이 프롤레타리아는 철학 속
에서 그 정신적 무기를 발견한다.", "종교는 아편이다, 싸움이다."라
고 쓰고 있다. 또 『공산당선언(1848)』에는 모든 "지배계급을 공산주

---

14) 김동규, 앞의 책, pp.14 - 28 참조.

의 혁명 앞에 떨게하라! 프롤레타리아가 잃을 것은 쇠사슬이요 얻은 것은 세상이다.”라며 적대적 계급에 대해 증오심을 유발시키고 있다.

■ 정치사상교육의 강화

교육이란 원래 학문적인 원리와 법칙을 중심으로 하는 이른바 지적 영역과 가치관을 결부시키는 정의적(情意的) 영역의 교육으로 대별되지만 사회주의 교육학에서는 지적 영역보다는 정의적 영역의 가치교육, 즉 정치사상과 밀착된 학교교육이 중심을 이루고 있다. 그래서 어떤 면에서 사회주의 교육은 사회주의의 정치적 이념을 강화시키는 정치교육이라 할 수 있다.

사회주의 정치사상교육의 주 내용은 자본주의는 필연적으로 몰락하고 사회주의에로 진보한다는 변증법적 유물사관과 자본가 계급을 타도하는 프롤레타리아혁명론, 그리고 사유재산제도는 철폐되고 만인이 평등한 계급 없는 사회를 지향하는 교육을 실시하고 있다.

■ 집단주의의 강조

자본주의 사회가 개인의 자유를 원칙으로 하여 상호경쟁을 사회발전과 경제발전의 원리로 삼고 있다면, 공산주의 사회의 가치관은 전체적인 평등을 지표로 삼고, 상호협동으로 공동생산과 공동분배를 경제기본으로 취하고 있다. 이러한 전체성과 평등성에는 집단주의

정신이 필요충분조건으로 작용하게 된다. 그러므로 사회주의 교육론에서는 무엇보다도 상호협동을 원칙으로 하는 집단주의의 원리가 크게 강조되고 있다. 소련의 교육학자 마카렌코는 집단주의 교육의 중요성에 대해 다음과 같이 밝히고 있다.

> 어린이들에게는 군대화가 정말 멋있게 보이고, 용어도 군대식인 「대장」이라고 부르게 하고 조직적 책임분담제가 좋으며, 항상 보고하게 하고 복장도 제복을 입혀야 하고 집단체조, 규칙적인 집회가 필요하다. 또는 아동들로 구성된 집단력은 강대하나 붕괴되기 쉬운 약점도 지니고 있다. 자체 내부의 잘못이 개재되어 있다거나 지도력이 모자라 일관성이 없을 때에는 집단체가 오합지졸의 군중과 같이 변하게 될 것이다. ……그래서 집단정신에는 뚜렷하고 자랑스러운 전통의 주입과 규율이 요구되는 것이다.[15]

■ 조기교육과 이론과 실천의 통일

교육학에서 초기 사회화가 매우 중요하게 인식하고 있으나 특별히 공산주의에서는 보다 높은 비중을 두고 있다. 마르크스주의 교육학에서 강조된 조기교육론은 결국 가정교육 또는 취학 전 교육의 형태로 나타나고 있는데, 구소련의 경우 1918년 1월에 있었던 <교육인민위원회 의사와 보건부의 성명>에서는, "어린이는 우리의 장래이다. 우리들은 어린이들의 손에 인류를 위한 투쟁임무를 떠넘겨야 한다."라는 내용으로써 유아교육의 필요성을 강조하였다.

---

15) 마카렌코, 『집단주의와 교육학』, 김동규, 앞의 책, p.24 재인용.

사회주의 교육학자 마카렌코는 "출생부터 5세까지의 교육은 대단히 중요하여 일생교육의 90%는 여기서 결정된다."(『부모의 자녀교육을 위하여』)라는 주장을 하였다. 이렇게 공산주의사회가 조기교육을 강조하는 것은 부녀자들을 가정으로부터 사회로 동원시켜 집단노동에 참가시키기 위한 하나의 이유와, 또한 집단주의 정신을 통한 공산주의 이데올로기의 주입에는 나이가 어릴수록 보다 효과적이라는 학습 심리적인 원인에서라 하겠다.[16]

사회주의 교육에서 강조하는 또 하나의 원칙은 이론과 실천의 통일이다. 현실에서 증명될 수 없는 이론은 공허한 것이기 때문에, 이론은 반드시 현실의 실천(노동)을 통해 이루어질 수 있어야 함을 강조하는 것이다. 다시 말해서 학생들이 학교에 배운 이론적 지식습득을 반드시 실천적인 노동과 결합하도록 하고 있다.

■ 집단비판과 자아비판의 강조

사회주의 체제에서는 조직체의 목표나 활동기준에서 조금이라도 벗어나면 자기반성으로 이를 바로잡기 위해서 상호비판과 자아비판의 원리를 도입하고 있다. "자아비판 없이는 자기 속에 숨어 있는 적을 발견할 수 없고 그 적과 싸워 이길 수 없다."라며, 집단을 유지하고 발전시키려면 끊임없는 자아비판과 상호비판을 공개적으로

---

16) 신효숙, 앞의 논문(2006), p.146.

실시해야 하고, 이를 통하여 강력한 이데올로기를 주입할 수 있기 때문에 사회주의 국가에서 통상적으로 많이 사용하는 원리이다. 다른 한편으로는 집단비판과 자아비판의 원리는 상호 감시하고 비판하게 함으로써 개인 간에 인간애를 막고 오직 당과 국가에 충성심을 유발시키려는 의도가 숨어 있다.[17]

2) 김일성 유일 사상체계 확립

새로운 국가건설을 목적으로 하는 사회주의 국가들은 대부분 체제에 부합되는 인간형을 만들기 위해 다양한 정치교육을 실시하였다. 과거 소련과 중국을 비롯한 많은 사회주의 국가에서 공산주의적 인간개조를 위한 정치교육을 실시하였다. 북한도 다른 사회주의 국가와 마찬가지로 학교교육에서 가장 중요하게 다루어지는 것이 정치교육이었다.

김일성은 "사회주의 교육의 목적은 자라나는 새 세대들을 사회와 인민을 위하여, 노동계급을 위하여 투쟁하는 열렬한 공산주의적 혁명가로 키우는 데 있으며, 학생들을 공산주의적 혁명가로 키우는 데서 가장 중요한 문제는 이들에 대한 정치사상교양을 강화하는 것이다."[18]라며 정치교육의 중요성을 역설한 바 있다. 김일성의 이러한

---

17) 탈북자들을 만나보면 서로를 비판하는 데는 익숙한 반면 칭찬하는 데는 매우 인색하다. 이는 오랫동안 북한에서 받은 교육의 영향 때문이다.

생각은 북한 교육법 제29조 "교육기관은 학생에게 정치사상교육을 앞세우면서 과학기술교육을 깊이 있게 하고, 체육, 예능교육을 결합 시켜야 한다."라며 잘 반영되어 있다.

또한 김일성은 사람들의 사상의식을 공산주의적으로 교양 개조 하는 일은 매우 어려운 사업인 동시에 장기성을 띠는 사업이기 때 문에 어릴 때부터 잘 교육시켜야 한다고 주장하였다.[19] 이러한 지 침에 따라 북한의 정치교육은 유치원에서부터 시작되며 학급이 올 라 갈수록 보다 구체적·체계적으로 진행된다. 특히 북한은 다른 국 가와 달리 엄밀한 의미에서 정권이 교체된 적이 없는 나라이기 때 문에 다른 나라에서 찾아볼 수 없는 일관된 정치교육을 실시하고 있으나 인류보편적인 가치와 지식, 인격함양의 교육은 상대적으로 소홀히 다루어지고 있다.[20] 북한체제와 김일성·김정일에게 절대 충 성하는 인간, 즉 '주체형 공산주의 혁명가' 양성에 그 목적을 두고 있다.

---

18) 김일성, "전반적으로 11년제 의무교육을 성과적으로 실시하기 위하여", 『김일성저작집 30』, pp.247-248.
19) 김일성, "어린이보육교양사업을 더욱 발전시킬데 대하여", 『김일성저작 집 31』. pp.81-82.
20) 임순희, 『북한청소년의 교육권: 실태와 변화』(통일연구원, 2005), pp.16-17.

일반적으로 모든 공산주의 체제는 마르크스-레닌주의에 기초를 둔 하나의 공식 또는 관제적 통치이데올로기를 가지고 있다. 체제 성원 모두가 지지하도록 강요된 통치이데올로기는 사회체제의 모든 영역을 통제한다. 그것은 체제의 발전방향과 전략을 결정해 주는 지도이념으로서, 그리고 그 체제를 유지·변화시켜 가는 공산당의 통치를 정당화시키는 논리로서, 체제 성원 모두의 행위규범의 역할을 수행해 나가며, 경우에 따라서는 행위의 선악을 가려주는 종교에 해당되기도 한다. 이렇듯 공산주의 체제의 경우, 다른 자유주의체제와는 달리 생존과 발전을 지향함에 있어서 통치이데올로기의 비중은 지대한 것이다.[21]

북한은 정권 초기에 통치 이데올로기로 마르크스-레닌주의만을 채택하였으나, 김일성 1인 지배체제 확립과정에서, '주체사상'이 더 큰 비중을 차지하게 되었다. 그리고 김정일이 후계자로 지명되면서 그에 의해서 주체사상을 절대화·관념론화하는 일환으로 '온 사회의 주체사상화'를 강조하고, 주체사상을 '김일성주의'로 격상시켰다.[22] 이와 같이 북한은 절대 권력자인 수령(김정일)을 중심으로 전체 사회가 일원적으로 편재되어 있고, 권력이 1인에게 집중되어 있는 유일체제이다.[23]

---

21) 梁好民, "전체주의 1인 독재체제의 확립", 李相禹 외, 『북한40년』(서울: 乙酉文化社, 1988), pp.64-65.
22) 위의 논문, p.64.
23) 이종석, 『새로 쓴 현대북한의 이해』(서울: 역사비평사, 2000), p.210.

유일사상체계는 김일성의 혁명사상을 당과 전체 사회의 유일사상으로 확립한 체제를 말하는 것으로, 이 사상체계의 전 면모는 김일성과 그의 사상에 대한 절대 충실성을 규정한 <당의 유일사상체계 확립의 10대원칙(이하 10대원칙)>에 잘 나타나 있다.

<10대원칙>은 김정일이 1974년 4월에 발표한 것으로 ① 김일성의 혁명사상으로 온 사회를 일색화하기 위하여 몸 바쳐 투쟁할 것, ② 김일성을 충성으로 높이 우러러 받들 것, ③ 김일성의 권위를 절대화할 것, ④ 김일성의 교시를 신조화할 것, ⑤ 김일성의 교시집행에서 무조건성의 원칙을 철저히 지킬 것, ⑥ 김일성을 중심으로 하는 전당의 사상의지적 통일과 혁명적 단결을 강화할 것, ⑦ 김일성을 따라 배워 공산주의 풍모와 혁명적 사업방법, 인민적 사업 작풍을 소유할 것, ⑧ 김일성이 안겨준 정치적 생명을 귀중히 간직하며 김일성에게 충성으로 보답할 것, ⑨ 김일성의 유일영도 밑에 한결같이 움직이는 강철 같은 규율을 세울 것, ⑩ 김일성이 개척한 혁명위업을 대를 이어 끝까지 계승하며 완성해 나갈 것 등으로 기독교인들의 신앙지침과 같은 10계명과 유사하다.[24]

북한 또 이 시기에는 '온 사회의 주체사상화'를 목표로 유일사상과 주체사상 무장을 강화하였다. '주체형 인간'을 만들기 위해 취학 전 아동기부터 주체사상을 학습시킨다. 탁아소에서 말을 알아듣고 배우기 시작하는 만 2세 정도에 이르면 아이들이 좋아하는 사탕이나 장

---

24) 위의 책, p.211.

난감을 주면서 "아버지 원수님 고맙습니다.", "김일성 원수님 감사합니다."를 따라 반복시킨다. 또 유치원에서 제공되는 모든 물품은 수령과 당이 베푸는 것으로 교육하고 식사나 간식시간에는 김일성에게 감사하다고 복창하도록 한다. 이와 같이 교육을 통하여 인간생존에 필수적인 의식주가 김일성으로부터 공급된다는 점을 주입시킴으로써 김일성에 대한 고마움과 충성심을 자연스럽게 유발시킨다.[25]

소학교[26]에서는 주체사상의 내용이 단원의 주된 내용이 아니라 김일성 · 김정일이 축지법, 축시법 등을 쓴다는 등 우상화 학습을 하고 있다.[27] 그리고 중학교(구고등중학교)에서부터는 주체사상에 대해 이론적인 기초학습이 시작된다. "자라나는 새 세대들을 위한 위대한 수령님의 혁명사상과 당의 사상, 이론, 방침으로 튼튼히 무장하고 다방면적인 지식을 가진 우리혁명의 믿음직한 후비대로 키우는 것"을 목표로 주체사상이론을 학습한다.[28]

---

25) 金炳魯, 『주체사상의 내면화 실태』(서울: 민족통일연구원, 1994), p.35.
26) 북한은 2002년 9월부터 종전의 인민학교를 소학교로, 고등중학교를 중학교로 개칭했다.
27) 주체 91년 교육도서출판사 발행 국어 교과서(리광섭 · 서재필 외, 2001, 138-139)<제58과 남녘땅의 새전설>에는 "김일성장군님은 축지법을 쓰시더니 위대한 령도자 김정일원수님은 시간을 주름잡는 축시법을 쓰신데"라며 김 부자를 우상화하고 있다. 김동규, "북한의 소 · 중학교 교과 내용에서의 남북통일 관련 학습단원 내용의 분석과 평가", 『서울평양학보(제3집 1호)』(서울평양학회, 2004), p.151 재인용.
28) 金炳魯, 앞의 책, pp.41-42.

북한은 학생뿐만 아니라 지위고하와 남녀노소를 등급별, 조직별로 나누어 김 부자의 교시와 말씀학습을 주기적으로 실시함으로써, 전 인민을 하나의 사상, 즉 주체사상으로 일색화·무장화된 참 공산주의 혁명가가 될 것을 요구하고 있다.[29]

주체사상의 기치 밑에 승리의 한길을 걸어온 조선혁명은 20세기 70년대에 이미 온 사회를 하나의 사상으로 일색화하는 력사적 과업을 실현하는 높은 단계에 들어섰다.[30]

온 사회를 주체사상화한다는 것은 위대한 주체사상을 유일한 지도적 지침으로 하여 우리혁명을 전진시키며 주체사상에 기초하여 사회주의, 공산주의 사회를 건설하고 완성해 나간다는 것을 의미한다.[31]

북한은 김일성의 주체철학이 마르크스 – 레닌주의의 한계를 극복한 불멸의 철학이며, 김정일이 이를 더욱 계승·발전시켰다며 주체사상의 위대성을 찬양하고 있다.

---

29) 金亨植, 「金日成과 金正日의 體制維持 政策에 관한 比較」(고려대학교 정책대학원 석사학위논문, 2000), pp.82－83.
30) 량룡규, "위대한 령도자 김정일동지의 사상리론은 경애하는 수령 김일성동지의 혁명사상을 계승발전시킨 위대한 혁명사상", 『위대한 령도자 김정일동지의 사상리론, 철학1』(평양: 사회과학출판사, 1996), p.54.
31) 김국태, "온 사회의 주체사상화는 우리식 사회주의를 발전 완성시켜 나가기 위한 위대한 공산주의 강령", 『근로자』, 1991년 제6호, p.33.

　김일성의 주체철학은 우리 혁명시대의 요구를 정확히 반영한 혁명철학이며 맑스 - 레닌주의를 새로운 높은 단계로 발전시킨 우리시대의 로동계급의 불멸의 철학이며 인류의 철학발전에 일대 혁명적 전환을 일으킨 철학이다.[32]

　이상에서 말씀드린 것처럼 맑스주의를 포함해서 주체의 사회 역사관 이전의 사회역사관들은 물질이 1차적이냐 의식이 1차적이냐 하는 철학적 논쟁의 필연적 연장으로서 인류 역사를 객관주의적으로 혹은 주관주의적으로 해석했습니다. 불멸의 주체사상이 창시됨으로써 지난 시기 사회역사관의 이 같은 한계성이 극복되고 역사발전에서 민중이 차지하는 지위와 역할을 정확히 밝힌 사람 중심의 새로운 사회 역사관이 출현하게 됐습니다.[33]

나아가 북한에서는 최고지도자인 김일성·김정일에 대한 표현은 최고의 존칭과 고딕활자를 사용이다. 예컨대 사진 화보설명을 담은 아트지 지면에서 김일성 석자는 반드시 고딕활자로 표기하여 신성시하고 있다.

　위대한 수령 **김일성**동지께서는 다음과 같은 내용으로 가르치시였다. 우리가 얻은 가장 귀중한 성과는 조선인민혁명군의 력량을 보존하였을 뿐만 아니라 그를 강철 같은 불패의 대오로 더욱 단련 강화하였다는 것이다.[34]

---

32) "김일성 방송대학 강의록", 『철학강좌』(서울: 極東問題硏究所, 1974), p.9.

33) "김일성주의 강좌; 사회역사에 대한 고찰", 「민민전방송」,2002. 3. 21.

북한에서 발간되는 각종 서적이나 신문, 심지어 학술논문까지도 반드시 김일성·김정일의 어록이 들어가며, 김 부자의 이름 앞에는 몇 줄에 한 번씩 '위대한 수령', '경애하는 수령', '친애하는 지도자' 등의 수식어가 삽입된다.

> 위대한 수령 **김일성**동지께서는 다음과 같이 교시하시였다. 《**우리는 다른 나라 당들의 투쟁경험을 조선의 실정과 결부하여 연구하지 않고 그것을 기계적으로 받아들여 당원들에게 불어넣는 경향을 절대로 허용하지 말아야 하겠습니다.**》 [35]

> 《**수령님께서는 조상전래의 인정과 성량성, 미덕을 조선민족의 자랑으로 여기시고 우리 인민을 위한 가장 훌륭한 인덕의 정치를 베푸시였습니다**》……문무충효를 겸비하신 친애하는 지도자 **김정일**동지께서는 인민에 대한 숭고한 사랑을 지니시고 우리 인민을 위한 가장 훌륭한 인덕의 정치를 베푸시고 계신다.[36]

김일성·김정일에 대한 이러한 표기 관행은 왕조시대에 왕이나 중국 황제의 이름을 휘(諱)하던 습관, 왕이나 왕명과 관계되는 기사가 나올 때 반드시 상단일자(上段一字)를 떼어 쓰던 지식인들의 습관을 연상시킨다. 수령은 보통의 인간이 아닌, 과거의 왕에 준하는 특별한 사람이라는 관념이 이러한 독특한 표기방식을 낳았다고 본다.

---

34) 『고난의 행군』(평양: 조선로동당출판사, 1977), p.270.
35) 『위대한 김일성동지혁명력사』(평양: 조선로동당출판사, 1992), p.439.
36) 「로동신문」, 1993. 1. 28.

이러한 표기 방식은 김일성 우상화작업이 어느 정도 정착된 1970년대 이후 두드러지게 자주 사용되고 있다.[37] 심지어 북한에서 발간한 『철학사전』은 마르크스-레닌주의 철학의 해석권을 김일성 1인이 독점할 정도로 쇼비니즘화되고 1인 독점화되어 있다. 그 증거로 사전 권두에 '김일성의 생애와 사상' 해설을 실었을 뿐만 아니라 김일성의 저작명이나 연설 제목을 모조리 '올림말'로 망라했고, 어휘 해설은 모두 김일성의 연설에서 인용하고 그 인용 부분은 특별히 고딕활자로 강조하는 있는 점이다.[38]

북한은 또 김정일이 1982년 김일성 탄생 70돌 기념으로 북한의 전국 주체사상 토론회에 보낸 논문 『주체사상에 대하여』(1982)는 그동안 북한의 통치이데올로기인 마르크스-레닌주의에 대한 해석권을 김일성의 1인 독점하였으나, 김정일의 논문 발표 이후 통치이데올로기에 대한 독점권이 김정일에게 세습된 것을 뜻한다.[39]

이와 같이 북한의 주체사상은 마르크스주의의 하위 사상에 출발하여 일직선으로 치달아 그것을 대체하는 지도사상으로 자리매김하였으며, 특히 사상 해석권을 배타적으로 독점한 후계자 김정일에 의

---

37) 崔載賢, "北韓社會理念속의 傳統的 要素",『亞細亞 傳統社會에 미친 共産主義의 影響』(서울: 서강대학교 동아연구소·국립정치대학국제관계연구중심, 1987), p.7 : 또 이러한 표현 양식은 기독교 문헌들에서 많이 발견할 수 있다.

38) 신일철, 『북한주체철학연구』(서울: 나남, 1993), p.78.

39) 위의 책, p.42.

해서 이론화, 체계화의 길을 밟아 왔다. 이 과정에서 주체사상은 북한사회에서 절대적인 이데올로기로 자리잡았으며 오늘날 와서는 현실을 규정하는 사상이론으로까지 격상되었다.[40] 또한 김정일이 주체사상의 해석권을 독점하게 되었고, 그 어느 누구도 이에 대해 반론을 제기하거나 이의를 제기할 수 없는 교조화·절대화된 통치이데올로기의 역할을 하고 있다.

3) 우상화 교육 강화

어떤 한 이데올로기나 사상이 다른 이데올로기나 사상을 수용을 하지 않으면 폐쇄적으로 되어 교조화되거나 우상화되기 쉽다. 어떠한 비판도 허용하지 않은 북한의 김일성유일사상체계는 곧바로 김일성·김정일 부자의 우상화와 가계의 우상화로 발전하여 북한주민들에게 우상화 학습을 시도하고 있는 것이다. 북한에서 시도하고 있는 김일성 부자와 가계의 우상화 실태를 살펴보면 다음과 같다.

첫째, 김일성·김정일은 먼저 자신들의 가계를 우상화하였다. 북한에서는 김일성의 증조부로부터 조부, 부모, 외가, 모두를 우리나라 근대혁명운동과 조국의 자주독립을 위해 싸운 '애국자', '혁명가' 등으로 묘사하면서, 그의 가계 전체를 '가장 애국적이며 혁명적인 가정'[41]으로 기술하면서 우상화하고 있다.

---

40) 이종석, 앞의 책, pp.182 – 183.

  김일성의 증조부 김응우를 고종 3년(1886년)에 미국상선 제너럴셔어만(General Sherman)호가 대동강을 거슬러 올라와 평양에 이르러 통상을 요구하다가, 평양 군민들로부터 화공을 당하여 불타 소멸되었을 때 주도적 역할을 하였다며 역사를 왜곡하고 있다.

> 미국해적선《샤만》호를 소탕하기 위한 투쟁에서 김응우선생님은 실로 우리 조국청사에 길이 빛날 불멸의 업적을 쌓아올리시였으며 이 싸움마당에 떨쳐나선 인민들은 무비의 영웅성과 애국적 헌신성을 유감없이 발휘하였다.[42]

  그 밖에 김일성의 아버지 김형직(1894 – 1926)을 '민족해방운동'의 선각자, 탁월한 지도자로 추앙하고 있으며, 그의 숙부인 김형권과 더불어 '1917년 당시 최대의 반일지하조직'이라고 날조된 <조선국민회>를 주도, 3·1운동에서 중요한 역할을 했을 뿐 아니라, 동북만주에서 항일혁명투쟁에 참가한 것으로 기술하고 있다.[43] 또한 김일성의 모 강반석은 '혁명가의 아내'로서 민족주의운동으로부터 공산주의운동으로의 전환기에 부 김형직과 함께 각종 항일활동을 해왔을 뿐 아니라 '김일성을 낳고 키운 조선의 어머니'로서의 역할을 다했으며, 특히 1926년에 그녀가 반일(反日)부녀회를 조직하는 등 공산주의 여성운동의 기원을 열어 놓았다고 선전하고 있다.[44]

---

41) 『위대한 수령 김일성동지혁명력사』(평양: 조선로동당출판사, 1992), p.3.
42) 박득준 편집『근대조선력사』(평양: 사회과학출판사, 1984), pp.18 – 19.
43) 『백과전서(1)』(평양: 과학, 백과사전출판사, 1982), pp.727 – 728.

두 번째, 김일성·김정일은 자신들 스스로를 우상화·신격화하고 있다. 김일성은 태어날 때부터 범인들과는 달리 큰 별이 나타났으며,[45] 어릴 때부터 애국심이 출중할 뿐 아니라 백두산 인근에서 항일빨치산운동을 할 때에는 신처럼 활동한 것으로 묘사하고 있다.

> **김일성**장군님께서는 백두산 정기를 타고나시고 하늘의 별을 부리시는 분이시기에 천지조화를 다 알고 계신대. 장군님께서 왜놈들을 치실 때는 장군별을 하늘에 띄워 놓으시고 적들을 몽땅 골짜기에 몰아넣고 잡으시기도 하고 구름을 타고 적진에 들어가서 놈들과 싸워서 죽게도 하신다구 그러더라. 그리고 도망치는 놈들은 길을 잃고 제자리에서 헤매다가 돌로 굳어져 죽게도 만드신데.[46]

또 북한에서는 김일성이 태어난 4월 15일을 민족의 최대 명절로 정하고 이를 <태양절>로 규정하고 있으며, 세계의 많은 민족 중 오직 북한만이 태양절을 모시게 되어 큰 은혜라고 김일성의 탄생을 기념하고 있다. 뿐만 아니라 우리 민족을 '김일성민족'으로 묘사하는 등 김일성 우상화의 극치를 이루고 있다.

---

44) 『민족의 영웅 인민의 수령 김일성원수』(평양: 로동자신문사, 1970), p.29.

45) 북한에서 발간된 책에는 김일성이 백두산에서 태어날 때쯤에 백두산에 큰 별이 솟았는데, 일본천황과 신하들이 이를 보고 놀랐다고 미화하고 있다. 『김일성전설집』(서울: 백수사, 1996), pp.18-19. 북한의 4·15 문학창작단은 1987년 김일성과 김정일의 전설집인 『백두산전설집』(북한 문예출판사간행)을 발간하였다.

46) 『민족의 영웅 인민의 수령 김일성원수』, pp.23-24.

오늘은 4월 15일, 기다리고 기다리던 4월의 봄 명절, 우리 민족 최대의 명절인 태양절입니다. 위대한 수령 **김일성**동지께서 탄생하신 경사스러운 태양절을 맞이한 이 아침, 인민의 마음은 어버이 수령님께서 생전의 모습으로 계시는 주체의 성지로 달려갑니다.…… 태양절은 주체의 태양을 모신 나라에서만 제정할 수 있고 인류의 태양을 받드는 인민만이 전통적인 최대의 경사로 기념할 수 있는 명절입니다.47)

태양절은 우리 민족 최대의 명절이다. ……우리나라는 위대한 수령님의 현명한 영도에 의하여 독립되고 융성번영하게 된 **김일성** 조선이며 우리 민족은 수령님의 손길에서 구원되고 존엄을 떨치게 된 **김일성**민족이며……48)

북한은 김일성 못지않게 그의 아들인 김정일을 우상화하고 있다. 북한의 소학교에서는 4년 동안 <친애하는 김정일선생님 어린시절>과목으로 152시간을 학습하도록 되어 있고, 중학교에서 6년 동안 <친애하는 김정일선생님 혁명활동>112시간 및 <친애하는 김정일선생님 혁명력사>110시간을 배우도록 규정하고 있다. 그 밖에 국어·수학을 비롯한 거의 전 과목에 걸쳐 김정일우상화 내용을 수록하고 있다.49)

아 친애하는 우리의 지도자 **김정일**동지
그이께서 백두산에 탄생하시였나니

---

47) "민족 최대의 명절 태양절", 「중앙방송」, 1998. 4. 15 방송.
48) 「로동신문」. 1998. 4. 15 사설.
49) 『김정일우상화 사례집』(통일원, 1992), p.19.

백두산
거기서 조선의 별이 뜨고
거기서 조선의 행복
조선의 미래가 시작되었다.[50]

특히 북한은 1996년 '교육과정안'을 개정하였는데, 개정 전 인민학교에는 <경애하는 수령 김일성원수님 어린 시절>, 고등중학교에는 <경애하는 수령 김일성원수님 혁명 활동>, <경애하는 수령 김일성원수님 혁명 력사>가 개정 후 인민학교에는 <경애하는 수령 김일성대원수님 어린시절>, 고등중학교에는 <위대한 수령 김일성대원수님 혁명활동>, <위대한 수령 김일성원수님 혁명력사>교과로 변경되었다. 수식어가 바뀐 것이다. 즉 '경애하는' 이 '위대한'으로, '원수님'이 '대원수님'이라는 극존칭의 수식어가 사용된 것이다.

이는 '90년대 초 김정일이 공화국의 원수로 추대되고 그에 따라 김일성이 자연히 대원수로 승급뇌었기 때문에 교과명 역시 거기에 맞추어 변경한 것이다. 이를 통해 학생들에게 김일성이 북한이 명실상부한 최고 권력자임을 직접적으로 반복적으로 인식시키고 있다.

---

50) 위의 책(구고등중학교 3학년 국어 제5과 『해돋이』, 16쪽), p.20.

〈『공산주의 도덕』교과서에서 주장하는 김일성 일가의 이름〉

학교급 및 학년 \ 핵심인물		김일성	김정일	김정숙	비 고
인민학교 (현 소학교)	1	4	7	1	
	2	7	9		
	3	6	10	1	
	4	10	12		
	계	27(40.3%)	38(56.7%)	2(3.0%)	
고등중학교 (현 중학교)	1	14	15(1)		김정일을 '광명성'이라 언급함
	2	7	25		
	3	7	31		
	4	4	21		과외읽기 (김일성2, 김정일3, 김정숙3) 명언(김일성3, 김정일17)
	5	9	27		과외읽기 (김일성1, 김정일1) 명언(김정일15)
	6	8	10		과외읽기 (김일성7, 김정일5) 명언(김일성10, 김정일10)
	계	49(27.5%)	129(72.5%)		
합계		76(31.0%)	167(68.2%)	2(0.8%)	

학년별로는 소학교, 중학교 1학년과 6학년에서는 김정일이 김일
성보다 2배 미만이 등장하는 반면 나머지 학년에서는 그 정도가 심
하다. 이는 김정일을 감수성이 예민한 청소년 시기의 학생들에게 비
중을 두어 강조함으로 보다 확실하게 인식시키기 위함인 것이다.

이와 같이 『공산주의 도덕』교과서에서 김일성보다 김정일에 더 많
은 비중을 두고 기술함으로써 김정일이 북한의 실질적인 최고 권력자
라는 것을 학생들에게 무의식적으로 강조하고 있다고 볼 수 있다.[51]

또 김정일 관련 교과명도, 개정 전 소학교에서는 <친애하는 지도
자 김정일동지 어린 시절>, 중학교에는 <친애하는 지도자 김정일동
지 혁명활동>, <친애하는 지도자 김정일동지 혁명활동>이, <위대한
령도자 김정일원수님 어린시절>(소학교), <위대한 령도자 김정일원
수님 혁명활동>, <위대한 령도자 김정일원수님 혁명력사>로 변경되
었다. 김정일과 마찬가지로 수식어가 바뀐 것이다. 즉 '친애하는'
이 '위대한'으로, '동지'는 '원수님'으로, '지도자'는 '령도자'로 개칭
되었다. 이는 생전의 김일성에게 사용하던 수식어이다. 그리고 김일
성과 같은 '위대한'이라는 수식어를 사용함으로써 김정일은 누구도
넘볼 수 없는 가장 높은 존재이며, 김정일은 생전의 김일성과 같은
위치에 있는 현재적으로 북한의 실질적인 최고 권력자임을 강조하
고 있는 것이다.

---

51) 윤종진, "김정일 등장이후 '정치사상교양' 정책의 변화분석", 『통일정
  책연구』(13권 2호, 2004), pp.173 - 177.

나아가 김정일은 자신의 생모인 김정숙과 관련된 교과와 컴퓨터 과목을 신규과목으로 신설하였다. 김정숙 관련 교과를 살펴보면, 소학교에는 <위대한 공산주의 혁명투사 김정숙어머님 어린시절>, 중학교에는 <위대한 공산주의 혁명투사 김정숙어머님 혁명력사>교과이다. 이들 교과는 소학교 전 학년에서 주당 1시간, 중학교에는 4, 5, 6학년에 주당 1시간씩 배정되어 있다.[52] 또 북한인민들은 김일성·김정일 부자세습을 수령복으로 간주하고 이를 찬양하고 있다.

> 온 겨레의 염원에 받들려 주체혁명위업의 계승자로 높이 추대되신 김정일영도자께서 계시어 이북민중은 민족사에 융성과 번영의 이정표를 세우게 되었으며 통일조국과 후손만대의 양양한 전도를 확신하게 되었다. 위대한 수령님에 이어 경애하는 김정일영도자를 민족자주위업의 영수로 높이 추대한 것은 우리 민족만이 받아 안은 수령복이 아닐 수 없다.[53]

북한은 또 김일성 일가와 관련된 모든 곳을 혁명사적지[54]로 지정하여 김일성 가계를 우상화하고 있으며, 그 밖에 노동신문이나 방송, 텔레비전, 심지어 영화와 음악, 무용 등 예술 활동을 통해서도 수령 우상화에 모든 노력을 경주하고 있다.[55]

---

52) 위의 논문, pp.173 – 174.
53) 김남진 외, 『향도의 태양 김정일장군』(평양: 동방사, 1995), p.36.
54) <혁명사적지>는 김일성은 물론 김정일 및 그의 가계 인물들의 혁명업적을 기념하기 위해 지정한 것인 반면 <혁명전적지>는 <혁명사적지>의 한 형태로 주로 김일성의 업적을 기리기 위해 지정된 것을 말한다.

오늘날 세계 어느 나라를 막론하고 북한처럼 국가원수를 우상화, 개인 숭배하는 경우를 찾아보기가 쉽지 않다. 원래 우상이란 "참된 것이 아닌 다른 모습 또는 중간에 게재하는 것"[56]을 뜻하며, 우상화란 "우상으로 됨" 또는 "우상적인 것으로 만듦"을 의미한다.[57] 다시 말해서 우상화란 진실이 어떤 것에 장애에 의해 실상을 올바르게 파악할 수 없는 것을 뜻한다. 우상화의 극단적인 양태가 신격화이며, 이는 인간을 지나치게 과장하여 신의 위치까지 올려놓은 형태를 말한다. 북한에서 김일성·김정일은 비범성 혹은 초인간적 우월성을 가지는 거의 절대적 존재로 신격화하여 받드는 개인숭배(cult of personality)를 하고 있다.

전근대적 봉건주의체제와 일부 종교단체에서 볼 수 있는 우상화·신격화가 이루어지고 있는 북한체제는 우민화정책을 통하여 북한주민들을 수령의 지시에 맹목적으로 순종하는 신민형 인간으로 만들어 놓았다.[58] 그것도 모자라 김일성은 자기의 가계, 처, 자식에 이르기까지 그와 관련된 모든 것을 우상화하여 자신과 가계를 숭배하도록 해놓았다.

---

55) 黃長燁, 『어둠의 편이 된 햇볕은 어둠을 밝힐 수 없다』(서울: 月刊朝鮮社, 2001), p.82.
56) 『민중에센스국어사전』(서울: 민중서림, 1992), p.1631.
57) 『원색 세계백과사전 전32권』(서울: 한국교육문화사, 1994), p.387.
58) 서재진, 『또 하나의 북한사회』(서울: 나남출판사, 1995), p.125.

4) 적대세력에 대한 증오심 고취

마르크스와 엥겔스는 『공산당선언』에서 "지금까지의 모든 역사는 계급투쟁의 역사이다."[59]라고 밝힌 것처럼 공산주의는 기본적으로 인간의 역사를 계급투쟁, 즉 지배계급과 피지배계급 간의 투쟁으로 보고 있다. 그래서 노동계급의 입장에서 적대계급인 자산계급에 대해 미움과 증오를 가져야 한다고 주장하고 있다. 이러한 태도는 북한이 발표한 <사회주의교육에 관한 테제>에 잘 나타나 있다.

공산주의 사상에서 핵을 이루는 것은 노동계급의 계급의식이며 공산주의 교양에서 기본은 계급교양이다. 계급교양을 강화하여 모든 학생들이 확고한 노동 계급적 관점을 가지고 노동계급의 입장에 튼튼히 서서 노동계급의 이익을 위하여 몸 바쳐 투쟁하도록 하여야 한다. 특히 혁명의 원수들을 미워하도록 교양하는 것이 중요하다. 혁명의 원수를 미워하지 않는 사람은 적을 반대하여 견결히 싸울 수 없으며 참다운 혁명가가 될 수 없다. 학생들에게 제국주의와 지주, 자본가 계급을 미워하는 사상으로 무장시켜 그들이 계급적 원수들과 착취제도를 반대하여 견결히 투쟁하도록 하여야 한다.[60]

이는 결국 노동자계급과 부르주아계급 간의 투쟁, 애국주의와 제국주의 간의 투쟁 등 사회와 세계를 기본적으로 계급투쟁으로 간주하

---

59) K. 마르크스 · F. 엥겔스, 김재기 편역, 『마르크스 · 엥겔스 저작선』(서울: 거름, 1988), p.48.
60) 김동규, 앞의 책, p.488.

고, 적대적 계급에 대해서 몸 바쳐 투쟁할 것을 주장하고 있는 것이다. 이러한 지침에 따라 각급 학교에서도 대립되는 계급이나 국가에 대해 증오심과 복수심을 고취시키는 교육으로 일관하고 있다.

교육심리학적으로 볼 때, 조국(북한)애를 강화시키려면 상대적으로 증오의 대상을 설정하고 적대적 목표물에 대한 지독한 비판과 증오심을 갖게 하면 할수록 자신의 소속집단이나 국가에 대한 애착과 충성심이 강화된다는 논리에서이다. 따라서 증오의 대상으로서 미국과 일본 그리고 남한을 설정해 놓고 있으며 이러한 교육은 각급 학교의 각 교과목에 하나의 필수 요건으로 책정돼 있음을 보게 된다. 다음은 북한에서 반미, 반남의식을 고취시키는 교과서 내용의 일부이다.

미제 승냥이

일제원쑤놈들이 우리나라에 기여들어 주인노릇을 하던 때의 일입니다.

어느 한 마을에 명섭이라는 소년이 어머니와 함께 살고 있습니다. 그는 열한 살의 어린 나이였습니다. 그러나 어머니의 일손을 돕기 위해 매일 산에 가서 땔나무를 해왔습니다.

이날도 명섭이는 제 키보다 더 큰 지게에 나무를 한짐 해지고 집으로 돌아오고 있었습니다. 명섭이가 허시몬이란 미제놈의 사과밭을 지날 때였습니다.

갑자기 우수수 가을바람이 불어왔습니다. 그 바람에 새빨간 사과 한알이 뚝 떨어져 울타리 밖으로 굴러 나왔습니다.

《야, 사과!》

명섭이는 그 것으로 달려가 사과를 집으려고 하였습니다. 이 때 울타리 곁을 지나던 허시몬놈이 이것을 보았습니다.

그놈은 말처럼 크고 사자처럼 사나운 사냥개를 풀어 놓았습니다. 사냥개는 사정없이 어린 명섭이를 물어 뜯었습니다.

명섭이는 작대기로 사냥개를 힘껏 내리 쳤습니다. 사냥개는 주춤 물러섰습니다.

그러자 이번에는 허시몬놈이 명섭이에게 달려들었습니다. 그놈은 명섭이를 사과나무에 꽁꽁 묶여 놓고 청강수로 이마에 《도적》이 라는 글자를 새겼습니다. 청강수 방울이 이마에 닿을 때마다 뿌직 뿌직 살이 타들어갔습니다. 명섭이는 한참동안 몸부림치다가 그만 쓰러지고 말았습니다.

얼마 뒤 이 소식을 듣고 명섭이의 어머니와 마을 사람들이 달려 왔습니다.

《명섭아!》

어머니는 명섭이를 부르며 목 놓아 울었습니다.

상처자국에는 뻘건 피가 흘러내렸고 얼굴은 퉁퉁 부어 있었습니다.

마을 사람들은 분한마음을 참을 수가 없었습니다. 《미제 승냥이 놈을 때려부시자!》

마을 사람들은 도끼와 몽둥이를 들고 허시몬놈의 집으로 달려갔 습니다. 그들은 제놈의 집에 숨어 있는 미제놈을 찾아내어 그 자리 에서 쳐 죽이고 말았습니다.[61]

---

61) 『국어(인민학교 제2학년용)』(평양: 교육도서 출판사, 1985), pp.65－67; 김동규, "북한교육의 기본원리와 이질화 현상", 『北韓硏究(제2권 제2호) 』(서울: 대륙연구소, 1991), p.28 재인용.

그날은 오리라

……미제와 남조선괴뢰들은 조국의 통일을 한사코 막고 나서고 있습니다. 놈들은 조국통일을 위한 북과 남의 대화들을 파탄시키고 대결을 격화시키면서 정세를 계속 전쟁접경에로 이끌어 가고 있습니다. 또한 조국통일을 위한 남조선인민들의 투쟁을 총칼로 악랄하게 탄압해 나서고 있습니다."[62]

또 『대학생』이라는 1981년 7월호 잡지에는 다음과 같은 글이 실려 있다.

원쑤를 끝없이 미워하도록

남포사범대학을 찾아서

위대한 수령 김일성동지께서는 다음과 같이 교시하시었다.

《우리는 청소년들에 대한 교양 사업을 우리혁명의 장래운명을 좌우하는 중대한 문제로 내세우고 여기에 큰 힘을 넣어야 합니다.

당 조직들은 청소년들 속에서 계급교양, 혁명교양을 강화함으로써 보는 청소년늘이 우리인민이 겪은 쓰라린 과거를 잊지 않고 제국주의 착취제도를 끝없이 미워하여 온갖 계급적 원쑤들을 때려부시고 혁명의 종국적 승리를 이룩하기 위하여 견결히 싸워 나가도록 하여야 하겠습니다.》[63]

---

62) 북한 고등중학교(현 중학교) 3학년 <위대한 령도자 김정일원수님혁명활동> 제23과(한상유 외, 2001), p.43)의 내용일부, 김동규, 앞의 논문(2004), p.156 재인용.

63) 『대학생』(평양: 금성청년출판사, 1981년 7월호), 김동규, 위의 논문,

남조선청소년들이 퇴폐적인 정서풍조로 하여 렵기적인 모험과
순간의 쾌감을 추구하여 온갖 비행을 저지르고 있다. ……남조선을
비롯한 자본주의 나라에서 성행하고 있는 알콜중독과 마약중독, 매
음과 강간, 살인행위와 같은 것은 퇴폐적 풍조의 산물이다.[64]

외세와 매국반역자세력이 판을 치고 있는 남조선에서는 우리의
찬란한 민족문화와 전통이 심히 짓밟히고 모욕당하고 있다. 민족성
이 여지없이 말살되고 사회생활의 전반에서 민족적인 모든 것이 사
라져가는 것이 암흑의 땅 남조선이다.[65]

썩어빠진 부르죠아식 사랑관에 물젖어 가정을 인간과 인간의 결
합이 아니라 돈과 권력의 결합으로 간주하는 것이 오늘 자본주의사
회 청춘남녀들의 사고방식, 생활방식이다. 이에 따라……리혼자들
이 날을 따라 늘어나고 있다. 자본주의사회의 이 현실은 극도의 개
인주의, 물질만능주의에 기초한 부르죠아사상문화야 말로 사회를
타락시키는 마약과 같다.[66]

이와 같이 미국과 남한에 대해 어릴 때부터 아동들에게 증오심을
주입시킴으로써 무조건적 애국주의 사상과 김일성·김정일 부자에
대한 무조건적 충성과 봉사를 요구하고 있는 것이다.

---

p.29 재인용.
64) 고수길, "청소년들을 참다운 애국자로 키우기 위한 교양", 『주체의 나라
6』(평양: 평양출판사 편, 1991), pp.139 - 140.
65) 『천리마』제5호(평양: 천리마사, 1999), p.61.
66) 『천리마』 제9호(평양: 천리마사, 2000), p.59.

5) 집단주의 교육 강조

사회주의 국가에서 주장하는 집단주의는 마르크스-레닌의 정치 사상적 교리의 핵심을 이루고 있다. 집단주의적 교육체제의 확립과 그 효율적 운용은 프롤레타리아 계급독재를 위한 정치적 목적달성의 수단으로 간주된다. 그러므로 공산주의의 집단주의교육은 '프롤레타리아 계급독재체제의 확립을 위하여 모든 집단주의정신으로 무장시키려는 정치교육의 작업'으로 인식되어야 할 것이다.[67]

이는 북한 헌법 제63조 "조선민주주의인민공화국에서 공민의 권리와 의무는 《하나는 전체를 위하여, 전체는 하나를 위하여》라는 집단주의원칙에 기초한다."라고 명시하고 있다. 또한 <사회주의교육에 관한 테제>에서도 "집단주의는 사회주의, 공산주의 사회생활의 기초이며 공산주의자들의 활동원칙이다. 모든 학생들이 개인주의, 이기주의를 없애고 《하나는 전체를 위하여, 전체는 하나를 위하여》라는 집단주의 원칙에 따라 일하고 배우고 생활하며 사회와 인민의 리익, 당과 혁명의 리익을 위하여 몸바쳐 투쟁하도록 교양하여야 한다.[68]"라며 집단주의 교육을 통하여 당과 수령을 위해 충성할 것을 강조하고 있다.

---

67) 李中, "集團主義的 敎育體制: 그 規範과 運用", 고현욱 외, 『북한사회의 구조와 변화』(서울: 경남대학교 극동문제연구소, 1987), p.280.
68) 김형찬, 『북한의 교육』(서울: 을유문화사, 1990), p.490.

또 "집단주의는 개인의 리익보다도 집단과 전체의 리익, 조국과 인민의 리익을 더 귀중히 여기며 수령을 위하여, 당과 혁명을 위하여 서로 돕고 이끌면서 자기의 모든 것을 다 바쳐 투쟁하는 공산주의적 희생정신이며 사회주의, 공산주의 사회생활의 기초이다.

집단주의는 오직 개인을 위하여 사람들의 자주성을 유린하고 승냥이 법칙이 지배하는 개인주의에 기초한 자본주의 도덕과는 근본적으로 달리 모든 사람들이 자주성을 존중하며 《하나는 전체를 위하여, 전체는 하나를 위하여》라는 원칙의 기초에 놓여있는 인간관계의 가장 아름다운 도덕이다."[69]라고 평가하면서, 집단주의 교육을 강조하고 있다.

자본주의 사회가 개인의 자유를 원칙으로 하여 상호경쟁을 사회발전과 경제발전의 원리로 삼고 있다면, 공산주의 사회의 가치관은 전체적인 평등을 지표로 삼고 상호협동으로 공동생산과 공동분배를 경제의 기본으로 취하고 있다. 이러한 전체성과 평등성에는 집단주의 정신이 필요충분조건으로 작용하게 된다. 그러므로 사회주의 교육론에서는 무엇보다도 상호협동을 원칙으로 하는 집단주의의 원리가 크게 강조되고 있는 것이다.[70]

이러한 집단주의 원칙은 북한의 생활환경과 교육의 목적, 내용과 방법 등에 반영되고 있으며, 그것은 헌법을 비롯한 여러 가지 법의

---

69) 『주체사상에 기초한 사회주의 교육리론』(평양: 사회과학출판사, 1975), p.154.

70) 김동규, 앞의 책, p.22.

규정에 의하여 강력한 통제력을 가지고 있다. 북한 지도자들은 사회주의교육에서의 집단주의를 다음과 같이 강조하고 있다.

> 사회주의 사회에서 교육의 목적은 ……사회와 인민을 위하여 로동계급을 위하여 투쟁하는 공산주의자들을 키워내는 데 있다. ……사회주의 사회는 집단주의를 기초로 하고 있는 사회이다. 사회주의 사회에서는 ……사회적 생산과 생활이 조직화되어 있고 매개 사람들의 이해관계가 전사회의 이익과 하나로 결합되어 있다. 이러한 사회는 사회의 모든 성원들에게 개인의 이익을 사회와 전체인민의 이익에 복종시키며 전체의 몫 가운데 자기의 몫도 있다는 집단주의 사상과 자기 개인의 모든 생활과 활동을 오직 사회의 통일적인 활동에 복종시킬 줄 아는 공산주의적 태도를 가질 것을 요구한다.[71]

북한에서 집단주의는 사회주의, 공산주의 사회생활의 기초이며, 이는 청소년들에게 있어서도 예외가 아니다. 북한주민 생활의 기본원리인 집단주의에 따라 북한 청소년들은 어려서부터 탁아소와 유치원에서 집단적·사회적으로 양육되며, 소학교에 입학한 이후로는 일상적인 의무적 조직생활을 해야 한다. '조선소년단' 생활과 '김일성사회주의청년동맹' 생활이 그것이다. 북한청소년에게 있어 학습활동의 자유를 원천적으로 제한하는 것은 이와 같은 의무적 조직생활을 해야 하기 때문이다.

---

71) 김수득, "사회주의교육학의 원리와 그 수행방도에 관한 령도적 지침", 「로동신문」, 1970. 5. 16; 李中, 앞의 논문, p.289 재인용.

북한은 집단주의교양을 통해 청소년들에게 집단의 힘이 크다는 것을 숙지시키며, "조직과 집단을 떠나서는 살 수 없다고 생각하도록 만든다."고 한다. 이는 곧 청소년들로 하여금 집단 속에 매몰된 획일화된 자아만을 의식하게 하며, 자신의 보다 나은 삶을 지향하는 독립적 인격체로서의 개인보다는 국가와 사회를 위해 존재하는 개인만을 인식토록 한다는 것을 의미한다.[72]

북한 청소년들은 조직생활을 통해 '수령에 대한 충실성'을 핵으로 하는 '주체형의 공산주의 혁명가'로 육성하는 데에서 비로소 존재의 의 내지 가치를 부여받게 된다는 것이다. 이와 같이 조직생활을 통해 청소년들을 '공산주의 건설의 후비대', '당의 정치적 후비대', '최고사령관의 예비전투부대'로 육성하는 것과 관련해 북한은 이를 '중요한 공산주의적 시책'이라고 한다.[73] 이와 같이, 북한의 교육목적은 집단주의 인간, 즉 개인을 버리고 오직 프롤레타리아 계급독재를 실현하기 위한 집단주의적 혁명가를 양성하는 데 있는 것이라 하겠다.

북한에서 강조되는 집단주의는 학교교육에서는 물론 사회단체 조직생활, 문화예술생활 등 모든 분야에서 인민들을 통제하고 있어, 자유민주주의에서 강조되고 있는 인간의 존엄성에 기초한 자유로운 개성의 존중, 자아실현을 위한 활동 등은 생각하기 어렵다.

---

72) 임순희, 『북한청소년의 교육권 실태: 지속과 변화』(서울: 통일연구원, 2005), p.35.
73) 위의 책, p.36.

요컨대, 북한은 우리와 달리 분단 이후 봉건시대 왕조처럼 부자세습은 있었으나 엄밀한 의미의 정권교체는 한 번도 없었다. 그래서 어떤 의미에서 정치교육도 일관되게 추진해 온 나라라고 할 수 있다. 원래 북한 정치교육이 추구하고자 했던 바람직한 인간상은 북한 헌법에 명시되어 있는 것처럼 '지·덕·체를 갖춘 공산주의적 새 인간'이었으나 점차 유일사상체제로 전화되어 가면서 '주체형 공산주의 혁명가' 양성으로 바뀌어 가고 있다.

북한에서 말하는 '주체형 공산주의 혁명가'는 다름 아닌 오로지 '수령에 충실한 혁명전사'를 말하는 것으로 김일성·김정일에게 절대 충성하는 인간을 말한다. 결국 북한은 끊임없는 정치교육을 실시하여 북한주민들을 체제에 순응하는 신민형(臣民形) 인간으로 만들고 있는 것이다. 오로지 김 부자 일가의 우상화와 지배체제의 공고화를 위한 도구로 전락한 북한의 정치교육은 북한을 떠나서는 어느 곳에서도 통용되고 있지 않다. 진실이 아닌 거짓에 토대를 두고 있는 북한의 정치교육이 탈북자들의 남한사회정착에 큰 장애요인이 된다는 사실은 통일 이후 남북한 주민들의 통합과정이 결코 쉽지 않음을 보여주는 것이라 하겠다.74)

---

74) 조용관, "북한 정치교육의 내면화가 탈북자 남한사회적응에 미친 영향", 『한국정치외교사논총 제25집 2호』(2004), pp.178 – 179.

제5장 남북한 통일 대비 정치교육의 과제

1. 북한에 대한 올바른 이해

통일은 두 개의 이질적 국가사회로 분열·고착되어 가는 자연추세를 극복하는 인위적 결단과 집요한 노력만으로 이루어질 수 있는 과업이다.[1] 이러한 통일은 단순히 지리적으로 국토가 하나 되는 것만을 의미하지는 않는다. 정치적으로 대립되었던 제도를 하나로 만드는 것이며, 경제적으로 서로 다른 체제를 하나로 거듭하게 하는 것이자 이질화된 문화를 하나로 다시 탄생시키는 것이다.

이 과정에서 제도의 통일은 다른 통일보다 비교적 쉽게 이루어질 수 있으나 그 제도 뒤에 숨은 '인간'에 대한 이해 없이는 성공할 수 없다.[2] 이는 독일 통일이 그 중요성을 말해 주고 있다.

독일은 통일 이전 동서독 간에 오랜 기간의 교류협력 확대를 통해 상호 간의 이해의 폭을 넓혀 왔음에도 불구하고, 사람에 대한 이해부족으로 통일된 지 20년이 가까이 됨에도 불구하고 지금까지 많은 어려움을 겪고 있다. 즉 동서독의 사회통합이 이처럼 어려운 것도 바로 서로 다른 교육목적 아래 형성된 인간에 대한 이해 없이 지나치게 정치·경제적 접근에 치중하였기 때문이다.[3]

---

1) 이상우, "하나의 한국을 향한 우리의 길: 과제의 성격과 정책방향", 이상우 편, 『統一韓國의 摸索』(서울: 박영사, 1987), p.12.
2) 전성우, "통일독일의 사회통합", 『남북한 사회통합』(민족통일연구원, 1997), p.38.
3) 조흥식, "남북한 사회통합과 노동자복지", 『남북한 통합과제와 통일연구』

독일에 비해 한정된 범위 내에서만 접촉을 하고 있는 우리의 경우, 통일을 준비하지 않으면 엄청난 혼란을 겪을 수 있다. 그러므로 통일을 위해서는 먼저 남북한 사람에 대한 이해가 전제되어야 한다. 다시 말해서 통일의 마지막 단계라 할 수 있는 '사람의 통일'(궁극적으로 남북한 주민이 심리적으로 '우리는 같은 국민'이라고 느끼게 되는 '마음의 통일'상태)을 이루기 위해서는 먼저 서로에 대한 올바른 이해가 있어야 한다. 사람에 대한 이해 없이는 진정한 통일을 기대하기 어렵다.

남북한은 분단 이후 지금까지 서로 다른 정치이념에 따라 체제를 유지시켜 왔기 때문에 상당부분 이질화되었다. 물론 5천 년의 역사 속의 60년여 년의 분단 기간은 민족의 동질성을 현저히 손상시킬 만큼 의미 있는 시간은 아니지만 두 사회가 지향하는 가치와 사고 및 생활양식의 영역 등에서 다양한 괴리가 야기되었고,[4] 이러한 괴리를 축소하는 통일의 과제가 지난한 노력과 인내와 비용을 수반하리라는 것은 명약관화하다.

남북한이 얼마나 이질화되어 있는가는 남한에 와 있는 탈북자들을 만나보면 쉽게 알 수 있다. 탈북자들이 우리를 모르고 있으며,

---

(서울대학교 통일연구소창립기념 학술 심포지움 자료집, 2006. 5. 18), p.5.

4) 신정현, "남북한 현존 삶의 양식의 갈등양상 진단", 『통일한국의 삶의 양식과 가치체계 탐색』(성남: 한국정신문화연구원, 1994), p.48.

우리들 또한 그들을 너무 모른다.5) 탈북자들은 정부에서 많은 지원을 함에도 불구하고 체제와 이념이 전혀 다른 남한사회에 잘 적응하지 못하고 있는 것이 현실이다.6)

이러한 현상은 어떻게 보면 그동안 정부가 실시했던 정치교육, 보다 구체적으로 통일교육7)이 문제가 있음을 보여주는 것이다. 만약 그동안 실시하였던 통일교육이 제대로 되었더라면 남한주민들이 북한주민(탈북자)들을 잘 이해하였을 것이고, 그렇게 되었다면 탈북자들과의 갈등도 크지 않을 것이며, 나아가 그들 또한 우리사회 정착에 큰 어려움이 없었을 것이다. 이는 결국 지금까지의 통일교육이 현실과 동떨어진 교육으로 남북한사회에 통합에 별다른 도움을 주지 못하고 있음을 보여주는 것이라 하겠다.8)

---

5) 서울대학교 행정대학원 통일정책연구팀, 『남과북 뭉치면 죽는다』(서울: 랜덤하우스중앙, 2005), pp.28 - 29; 조선일보 통한문제연구소와 연세대 통일연구원이 2001년 탈북자 533명을 대상으로 한 설문조사에서 조사대상자의 79%가 "남한 사람들이 북한사회를 잘 이해하지 못하다."고 응답했다. 「조선일보」. 2001. 12. 13; 필자도 개인적으로 1995년부터 현재까지 다양한 지역, 다양한 세대, 다양한 계층의 탈북자들을 지속적으로 만나고 있으나 만날수록 많은 부분이 다르다는 것을 실감한다.

6) 자세한 내용은 조용관, "북한이탈주민 남한사회 정착의 현안문제와 해결방안", 『치안정책연구(제19호)』(용인: 치안정책연구소, 2005), pp.194 - 223 참조

7) 종래에 많이 사용되었던 통일교육, 민주시민교육, 국민윤리교육, 안보교육, 국민정신교육 등은 넓은 의미에서 정치교육에 포함되는 교육들이다.

8) 조용관, "탈북자의 남한사회적응을 통해 본 통일교육의 과제", 『國民倫理研究(제57호)』(서울: 한국국민윤리학회, 2004), p.220; 박찬석 외, 『통일교육론』(서울: 백의, 2000), p.53 박찬석, 『남남갈등, 대립으로 끝날

북한체제의 특성상 북한주민이 남한사회나 남한주민을 올바로 이해를 하기란 현실적으로 불가능하다. 그러므로 우리가 북한사회와 북한주민을 이해하여 통일을 대비하는 수밖에 없다. 그렇다고 해서 우리가 북한에 가서 북한주민들을 직접 만나거나 대화를 통해 북한의 실상이나 주민들을 이해하는 것도 현실적으로 어렵다. 그나마 이러한 문제를 해결하는 방법은 남한에 와 있는 탈북자들을 통해 북한을 이해하는 것이다.

북한도 언제까지 외부 세계와 담을 쌓고 살 수는 없다. 중국식이든지 아니면 베트남식이든지 개방의 방식을 선택해야 할 것이다. 그럴 경우 북한주민들의 의식형태는 현재의 모습이 아니라 다른 형태로 변화될 것이다. 즉 북한이 어떠한 체제변화(통일을 포함)를 가져올 경우, 현재 북한주민들은 현존 '사회주의 인간'에서 '자본주의 인간'으로 전환될 가능성이 높다. 그때 나타날 그들의 사고나 형태는 탈북자들의 남한사회 적응과정과 매우 유사할 것이다.9)

그러므로 북한사회와 주민들을 올바로 이해하기 위해서는 탈북자의 남한사회 적응 실태에 대한 보다 심도 있는 연구를 할 필요가 있다. 이러한 연구를 토대로 국민들에게 북한의 실상을 있는 그대로 교육시킴으로써, 통일에 대한 지나친 환상이나 두려움을 넘어 현실적인 통일을 준비하도록 해야 할 것이다.

것인가』(서울: 인간사랑, 2001), pp.239-244.
9) 조용관 외,『통일한국포럼』(인천: 바울, 2006), p.83.

2. 통일한국의 신인간형 모색

동서고금을 막론하고 모든 국가는 그들이 지향하는 인간형을 가지고 있으며, 이는 주로 교육을 통해 이루어진다. 유교의 이상세계인 대동사회의 실현을 위해 공자와 맹자는 인애를 중시하는 인간형을, 그리고 계급 없는 사회 건설을 주창했던 마르크스주의는 경제적 평등에 입각한 인간형을 지향하여 왔다. 남북한도 분단 이후 지금까지 정치교육을 통하여 서로 다른 정치 체제에 부합하는 인간형을 양성해 왔다.

남한은 자유민주주의 이념에 부합되는 인간형, 즉 인간의 존엄성과 자아실현을 토대로 한 민주주의와 민족주의에 입각한 인간양성에 주력하여 왔고, 북한은 김일성유일사상체계 확립을 위한 정치교육, 즉 김일성의 주체사상으로 신념화, 의식화, 행동화하여 오직 김일성 · 김정일에게만 끊임없이 충성하는 이른바 '주체형 인간' 양성에 주력하여 왔다.

남한이 지향하는 인간형은 앞에서 지적한 바와 같이, "널리 인간을 유익하게 한다."는 '홍익인간'의 이념을 구현하는 것으로, 민족주의와 민주주의적 인간 형성에 그 목적을 두고 있다. 여기서 말하는 민족주의란 자아 및 공동체적 정체성을 확립하는 것인 동시에 배타적 민족주의가 아니라 인류평화 건설에 기여하는 세계평화주의를 포함하는 의미이다. 비록 정권의 성격에 따라 여러 번 왜곡되거나 굴곡된 적은 있으나 한 번도 이 두 가치가 배제된 적은 없었다.

정부 수립 이후 단절 없이 우리가 지향하는 민주주의란 인간존중과 자아실현의 가치구현, 다원성의 존중, 공동선과 정의 실현, 인류애와 평화애호정신 함양 등을 포함하는 의미이다. 이러한 인간형이 이루고자 하는 사회는 곧 다원주의적 사회로, 개인의 역할이 중시되며 창의성과 독립성이 이상적 가치의 기준이 되며, 다양한 생각이나 사상을 존중히 여기는 다가치적 다층적 사회이다.9)

한편 북한은 "당에는 주체사상체계 밖의 다른 사상체계가 없는 그 어떤 다른 사상체계가 필요 없으며 주체사상교양과 인연이 없는 그 어떤 다른 교양 교양이 있을 수 없다."10)라며 '주체형 인간' 양성에 주력하고 있다. 이러한 목적을 달성하기 위해 실시되는 북한의 모든 교육은 '주체사상을 세계관으로 하고 수령에 대한 끝없는 충실성을 제일생명으로 간직한 참다운 공산주의혁명가' 양성에 그 목적을 두고 있다. 특히 북한은 '90년대 위기상황이 고조되면서 '김일성·김정일의 충성동이와 효자동이', '수령결사옹위정신'으로 무장한 인간형을 강조하면서, 북한의 유일체제의 안정적 재생산을 목적으로 체제유지와 재생산의 역할을 담당하는 '김정일체제의 수호자'를 만

---

9) 오기성, 『남북한 문화통합』(서울: 교육문화사, 1999), p.224.
10) 위의 책, pp.343 – 344.

드는 데 온갖 노력을 경주하고 있다.[11]

북한에서 주장하는 이른바 주체사상은 얼핏 보면 매우 민족의 주체성을 강조하는 사상으로 보이지만 사실은 김일성·김정일에게 충성하는 신민형 인간을 만드는 이데올로기에 불과하며, 민족의 주체성과는 별개의 문제이다. 그러므로 북한에서 주장하는 민족주의도 결국 김일성·김정일체제를 공고히 하기 위한 도구로 '김일성민족'으로까지 왜곡되고 있는 폐쇄적인 정치 이데올로기에 불과하다고 하겠다. 북한은 이와 같이 정치교육을 통하여 김일성주체유일사상체계 이외에 다른 가치를 인정하지 않는 획일적 사고를 하는 인간들을 양성하고 있는 것이다.

통일은 위에서 본 바와 같이, 남북한이 추구하는 서로 다른 인간형을 하나의 동일한 인간형으로 통합하는 것이다. 다원적·개방적 가치를 가진 남한주민과 획일적·폐쇄적 사고를 가진 북한주민이 한 지역공동체나 같은 조직에서 만나게 될 경우 가치관의 갈등은 필연적이다. 여기에는 개인적 가치 사이의 갈등, 사회적 가치 사이의 갈등, 그리고 개인적 가치와 사회적 가치 사이의 갈등이 포함된다.[12]

---

11) 신효숙, "교육제도의 형식과 내용: 사회주의 인간형에서 주체형 인간양성으로", 박호성·홍원표, 『북한사회의 이해』(서울: 인간사랑, 2002), p.238.
12) 김국현, "통일이후 남북한 주민간의 가치갈등 유형과 가치교수 모형", 『통일정책연구(14권 2호)』(서울 통일연구원, 2005), p.187.

독일의 경우 통일 이후 동서독인들 사이의 고정관념은 일시에 해소되지 않았다. 특히 상이한 체제에서 성장하여 공동의 기억을 공유하고 있지 않았던 청소년들은 상호이해의 부족으로 인해 새로운 유형의 인간을 대해야 한다는 점을 당혹스러워했다. 동독청소년들은 서독청소년들을 활달하며 약삭빠른 사람들로 인식했고, 서독청소년들은 동독청소년들을 둔하고 순진하다고 인식했다. 그 결과 통일 이후 서로에 대한 새로운 적대감이 발생하고 있다.[13] 통일독일의 경험은 서로 가치관을 가진 사람들이 한곳에서 더불어 산다는 것이 얼마나 힘든가를 보여주고 있는 것이다.

분단 이후 60년간 적대적 관계를 유지하면서 서로 다른 가치관을 가진 남북한 주민이 통합하여 새로운 인간형의 모델을 만드는 것은 결코 쉬운 일이 아니다. 그렇다고 어렵다고 해서 피할 수 있는 일도 아니며, 더욱이 기계적 통합도 기대하기 어렵다. 왜냐하면 인류 보편적 가치관인 자유민주주의에 토대를 둔 민수수의를 포기하고 북한에서 주장하고 있는 김일성유일사상체계를 수용할 수 없기 때문이다. 하지만 다른 한편으로는 과도하게 서구화되어 버린 우리의 문화적 비주체적 태도는 수정할 필요가 있다. 이 경우에도 북한처럼 배타적 민족주의가 아니라 우리 민족의 우수성을 토대로 특수성과 보편성을 아우르는 새로운 민족주의를 모색을 검토해 볼 필요가 있다.

---

13) 김국현, "통일이후 남북한 주민의 심리적 통합을 위한 반편견 교육방안", 『통일정책연구12권2호』(2003), p.164.

요컨대, 다가오는 통일을 위해서는 북한에서 주장하는 인간형, 즉 주체사상을 토대로 한 '주체형 인간형'을 우리가 수용할 수는 없다. 그렇다고 해서 폐쇄적인 북한에게 통일을 위한 보편적인 자유민주주의 교육을 하라고 강요할 수는 더더욱 불가능한 일이다. 그렇다면 결국 통일을 위한 준비는 우리 몫이다. 이러한 현실을 고려하여 우리가 지금부터 준비해야 할 정치교육은 획일적·폐쇄적 사고를 하고 있는 북한주민들을 인류의 보편적 가치인 인간의 존엄성과 개인의 자아실현을 중요시하는 자유민주주의적 인간으로 전환시킬 수 있는 프로그램을 개발하는 일이다.

아울러 우리는 주체사상으로 이데올로기화되어 있는 2천 3백만 북한 동포들과 어떻게 더불어 살아갈 것인가를 지금부터 준비해야 할 것이다. 1만 5천 명이 되는 탈북자를 잘 품지 못하고 있는 현실을 고려해 볼 때, 이 일은 결코 쉬운 일이 아니다. 그렇다고 우리 말고 누가 대신해 줄 수 있는 것도 아니다. 결국 통일을 위해서는 우리가 보다 열린 사고와 이웃사랑을 실천할 수 있는 새로운 민주적 인간형으로 되는 수밖에 없다. 아마도 이러한 인간형은 동양과 서양, 민주주의와 사회주의의 장점을 아우르는 지금껏 찾아보기 어려운 새로운 민주적 인간일 것이다.

3. 한민족공동체 의식함양

■ 열린 민족주의 교육

통일 이후 발생될 대부분의 사회문제는 근원적으로 남북한 주민들의 이질적 가치관의 또는 동질적 가치에 함축된 문화적 특정화의 결과물 간의 가치갈등일 것이다. 가치갈등은 가치들이 상호경쟁하거나 한 가치가 다른 가치와 대립하는 것으로 개인과 개인 간, 집단과 집단 간에서 이해관계가 상충할 때 발생한다. 여기에는 개인적 가치 사이의 갈등, 사회적 가치 사이의 갈등, 그리고 개인적 가치와 사회적 가치 사이의 갈등이 포함된다.[14]

상이한 가치를 학습해 온 사람들의 가치관을 통합하는 일은 쉽지 않는 일이다. 같은 체제 안에 사는 사람들끼리도 가치관을 통합하기 어려운데 심지어 체제와 문화가 이질화된 남북한 주민이 하나의 가치관으로 통일한다는 것을 지난한 일이지만 그렇다고 해서 불가능한 일 또한 아니다.[15] 아마 남북한이 가지고 있는 주요한 가치관의 중의 하나는 민족주의일 것이다.

우리 민족은 역사적으로 우리 것이 아닌 것에 대해 강한 배타성

---

14) 위의 논문, pp.186 – 187.
15) 전우택, 『사람의 통일을 위하여』(서울: 오름, 2000), pp.327 – 329.

과 차별적 행동을 보여 왔다. 이는 우리 민족이 좁은 영토 내에서 농경문화를 토대로 한 단일민족으로 동일한 공동체 문화를 형성하여 왔기 때문이다. 그래서 자기와 다르면 배타적이다.[16] 단적인 예가 국내거주 화교들에 대한 우리들의 태도이다. 그동안 국내에 거주하는 화교들은 주민등록증을 발급받지 못해 경제활동을 할 수 없었고, 또 화교학교 학력이 인정되지 않아 사회경제적으로 많은 차별을 받아 왔다. 그래서 화교가 망한 유일한 나라가 한국이라는 소리를 듣고 있는 것이다.[17] 물론 긍정적인 측면에서 보면, 배타적 독립의식이 천 번에 가까운 외침을 받고도 없어지지 않고 단일민족으로 굳세게 살아남게 한 것인지도 모른다.

남북한은 분단되기 전에는 동일한 공동체 의식, 즉 단일한 민족주의 의식을 가지고 있었다. 그러나 분단 이후 체제에 따라 서로 다른 민족주의에 대한 생각을 가지게 되었다.

남한은 비록 여러 번의 정변이 있었고, 정치교육도 정치·사회적 환경에 따라 다소 굴절되기는 하였으나 기본적으로 민주주의와 민족주의 이념을 견지하여 왔다. 민족주의의 기본가치를 '민족공동체의 안녕과 번영'으로 볼 수 있다. 그리고 상위가치로는 공동성, 정

---

16) 조용관, "북한체제 특이성의 역사문화적 가능조건에 관한 연구: 이데올로기 교조화와 우상화·세습화를 중심으로", 『北韓研究會報(제6권 제2호)』(북한연구학회, 2002), pp.156 - 157.

17) http:iwomantimes.com/news/article_view.html?channel=%B1%-E2%C8%B9%C6%AF%C1% FD&idx = 17946.

체성, 주체성, 통합성(일체성) 등을 들 수 있다.[18] 이러한 민족의식이 세계가 놀라볼 만큼 경제적으로 발전하게 했으며, 나아가 올림픽과 월드컵을 성공적으로 치르게 하였다고 평가해도 좋을 것이다. 남한의 이러한 민족주의는 민족공영과 민족부흥 등 미래 지향적 측면, 열린 민족주의를 강조하고 상대적인 자주노선을 주장하는 것으로 볼 수 있다.[19]

한편 북한은 일제 식민지배, 한국전쟁을 통한 미군으로부터의 피해경험이 있었는데, 이것을 지배이념인 주체사상과 연계되면서 배타주의가 더욱 강화되었다. 특히 북한은 체제유지를 위한 교육을 통해 이를 적극 활용하고 있다. 그래서 미국[20]이나 일본 남한에 대해 적대감을 표출할 뿐 아니라 지주 등의 착취계급, 부르주아사상, 다원주의 등에 대해 적대감을 표출시키고 있다.[21]

---

18) 박용헌,『가치교육의 변천과 가치의식』(서울; 서울대학교 출판부, 2002), pp.40 – 41.

19) 전미영, "통일담론에 나타난 남북한 민족주의 비교연구", 『국제정치논총, 43집 1호』(서울: 한국국제정치학회, 2003), pp.200 – 202.

20) 필자가 아는 미국인 목사가 2006년 6월 북한의 김일성 시신이 안치된 금수산기념궁전을 방문했을 때, 퇴역 북한 군인이 지나가면서 '미국 놈치고는 인간이 된 놈'이라고 했다는 이야기를 들었다. 북한주민들은 '미국인'을 부를 때는 통상적으로 '놈'자를 붙여 부른다.

21) 이중재,『남북한의 가치관과 의식구조 분석을 통한 이질화 극복에 관한 연구』(국민대학교 행정대학원 석사학위논문, 1998), p.59.

북한은 또 역사를 왜곡하여 김일성 가계와 김일성·김정일 우상화 정책을 시행하고 있다. 또 김일성이 태어난 날을 <태양절>이라고 부르면서 '태양절은 주체의 태양을 모신 나라에서만 제정할 수 있고 인류의 태양을 받드는 인민만이 전통적인 최대의 경사로 기념할 수 있는 명절'이라고 주장하고 있다. 아울러 "우리나라는 위대한 수령님의 현명한 영도에 의하여 독립되고 융성번영하게 된 김일성 조선이며 우리 민족은 수령님의 손길에서 구원되고 존엄을 떨치게 된 김일성민족"22)이라고 주장하고 있는바, 이러한 주장은 역사를 왜곡할 뿐 아니라 김일성·김정일 가계를 우상화하고 있는 것으로 보편적 민족주의와는 거리가 멀다.

결국 북한에서 주장하는 민족주의는 민족의 위장으로 개인의 가치를 철저히 짓밟는 전체주의이며, '수령'에 대한 우상숭배의 동의어에 다름 아니다.

문제는 이같이 서로 다른 민족주의 교육을 학습 받아 온 남북한 주민들이 함께 만났을 때, 많은 혼란과 갈등을 겪을 수밖에 없다는 것이다. 통일 이후 북한주민들은 무관심, 불평등, 차별 등의 사회현실에 직면하여 자신들의 민족 우선주의와 민족감정이 공유되지 못한다고 느낄 때 이는 심리적 좌절, 새로운 체제에 대한 비판, 상대 주민에 대한 반감, 자신의 과거 체제에 대한 비난 등으로 나타날 가능성이 높다. 나아가 반미와 반제국주의(미제국주의)를 중심으로

---

22) 「로동신문」. 1998년 4월 15일자 사설.

한 정치교육을 받아 온 북한 주민들이 외국과 다양한 협력과 교류
에 대한 부정적 평가가 이루어질 가능성이 높다.[23]

　다른 한편으로는 반미의식과 반제국주의 의식이 높이 체화되어
있는 북한주민들이 통일정부가 자기들의 요구를 충족시켜주지 않을
경우 국내 좌파세력과 연대하여 새로운 사회운동을 전개할 가능성
도 없지 않다. 동서독 통일 이후 다시 나치주의로 돌아가자는 일부
동독주민들의 행동이 이를 암시하고 있다.[24]

　요컨대 남북한이 통일되었을 때, 남한의 민족주의와 북한의 왜곡
된 민족주의가 충돌할 가능성이 높다. 이러한 가치관의 갈등을 해결
하기 위해서는 남한주민들이 보다 열린 민족애를 가지고 북한주민
들을 품고 나아가야 할 것이다. 그렇게 할 때 남북한은 새로운 한
민족공동체를 형성하게 될 것이다.

■ 새로운 민주시민교육

　남한에서의 정치교육은 자유민주주의의 이념구현을 위해 인간의
존엄성과 자아실현에 기초를 둔 인간존중, 자유·권리, 평등·정의,
박애, 절차존중 등을 중요시하고 있다. 이러한 가치들은 대부분의
자유민주주의 국가에서 수용하고 있는 보편적 가치들로, 그 구성원

---

23) 김국현, 앞의 논문(2005), p.196.
24) 독일 정보기관에 따르면 구동독 지역에 신나치 극우파로 지목된 사람
　　은 모두 4만여 명에 달한다고 한다. 「동아일보」. 2006. 10. 26.

들이 의도적 또는 무의도적으로 어릴 때부터 다양한 사회화 기관 (가정, 동료, 학생, 군대, 직장 등)들을 통하여 학습 받는다. 그래서 자유민주주의에서는 다양성을 인정하고 개방적이며 타인에 대한 존중과 배려 등의 덕목이 중요하게 고려된다.

그러나 북한은 앞에서 살펴본 바와 같이, ≪하나는 전체를 위하여, 전체를 하나를 위하여≫라는 구호 아래 당과 수령에게 충성을 강요하는 정치교육을 실시하고 있다. 그러므로 인간존중의 가치도 찾기 어렵고, 개인의 자유와 권리가 박탈당하여 인간이 누려야 할 최소한의 기본적 가치마저 누리지 못하고 있다. 나아가 자아가 형성되기도 전에 김일성·김정일에게 충성하는 교육과 적대계급과 적대세력, 즉 미국과 남한을 미워하도록 하는 증오교육을 시키고 있다. 또한 서로를 감시 비판하게 함으로써 인간 상호 간에 인간애를 갖지 못하게 한다. 북한의 교육은 결국 북한주민들을 분노심과 전투적·비판적 성향의 사람으로 만들고 있는 것이다.

이처럼 남한에서 인간의 존엄성과 자아실현을 토대로 다양성이 인정되는 개방적 사회에서 살아온 남한사람들과 참 자아를 모르고 오직 살아남기 위해 당과 수령만을 위해 충성하다가 살아온 북한사람들이 서로 만날 경우 가치관의 갈등과 혼란은 불가피한 것이다. 통일을 위해 우리가 준비해야 할 과제는 북한의 김일성유일사상체계에서 획일화된 교육을 받아 온 북한주민들을 어떻게 민주주의적

인간으로 바꾸느냐 하는 문제이다.

이 문제는 앞으로 우리에게 닥쳐올 피할 수 없는 민족적 과제이다. 만약 통일 이전에 가치갈등을 해소하기 위한 노력이 이루어지지 않는다면 통일 이후 분단의 장기화에 비례하여 가치갈등의 가능성은 더 높아지게 될 것이다.[25]

오랫동안 폐쇄된 체제하에서 김일성유일사상체계를 학습을 받아온 북한주민들에게 민주주의 교육을 시킨다는 것은 결코 쉬운 일이 아니다. 통일이 되면 남북한 주민들 간에 이념적·사상적 갈등은 물론 세대 간·지역 간·계층 간의 갈등 등 온갖 갈등이 난무하게 될 것이다.[26] 이 모든 것을 융합하여 새로운 민주주의를 창출해야 하는 것이 오늘을 사는 우리에게 주어진 민족적 과제이다. 그러므로 통일한국에서 요구되는 정치교육, 즉 민주시민교육은 수많은 갈등과 마찰을 조정·통합하는 지금껏 경험해 보지 못한 새로운 민주시민교육이 되어야 할 것이다.

■ 지역감정을 넘는 공동체의식 함양

사람이 자기가 태어난 고장에 대해 애착을 갖는다거나 서로 같은 생각을 하는 사람끼리 모인다는 자체를 나무랄 수는 없다. 사람은

---

25) 김국현, 앞의 논문(2005), p.187.
26) 박형중, "남북한의 사회격차와 사회통합", 『남북한 사회통합』(서울: 민족통일연구원, 1997), pp.145 – 148.

동일한 경험을 공유한 사람끼리는 가까워지기 마련이기 때문이다. 그래서 고향사람이나 같은 학교를 졸업한 사람끼리 가까운 것이다.

그러나 상대 지역을 배제하면서 자기 지역의 이익만을 늘리려는 지역주의는 지역감정이라는 허위의식을 낳고 결국 지역대립이라는 갈등구조를 만든다는 점에서 문제가 된다. 그러므로 지역감정이 자라나면 편견이 일상화되고 지역대립이 차별로 이어져 인사, 지원, 가치의 배분에서 균형이 깨어지고 결국 사회통합은 후퇴하기 마련이다. 이러한 부정적 의미의 지역주의가 언제부터 한국인에게 깊이 뿌리내리고 있음을 부인하기 어려운 것이 현실이다.[27]

지역감정이 언제부터 생겨났는가에 대해서는 의견이 분분하다. 삼국시대 백제가 망하면서부터 영호남의 차별이 생겨났다는 주장과 고려왕건의 <훈요십조>, 이중환의 <택리지> 등 역사적 고찰에서부터 해방 후 박정희 정권의 영남우대와 호남차별 등 정치적 고찰 등 다양한 주장들이 제기되고 있다.[28] 아무튼 이러한 지역감정은 현실적으로 존재하는 것은 분명하다. 정치인들이 지역감정을 해소하겠다고 늘 주장하면서, 선거 때만 되면 교묘히 이를 이용하여 득을 보

---

27) 임현진·정영철, 『21세기 통일한국을 향한 모색』(서울: 서울대학교출판부, 2005), p.264.

28) 위의 책, pp.264-272; 손호철, "남남갈등의 기원과 전개과정", 『남남갈등 ― 진단 및 해소방안 ― 』(서울: 경남대학교 극동문제연구소, 2004), pp.17-53.

려고 하기 때문에 국민통합이 이루어지지 않고 있는 것이다. 지역감정을 없애기 위해서는 편 가르기를 해서 이득을 보려는 정치인들의 구호보다는 정책을 통하여 시정해 나가야 할 것이다.

그런데 최근 들어 우리사회는 지역감정뿐만 아니라 북한을 보는 관점에 따라 진보와 보수로 나누어지는 이른바 남남갈등, 그리고 경제적 부익부 빈익빈으로 나누어지는 양극화 현상 등 보다 복잡한 구조를 띠고 있어 사회통합과 국민통합을 더욱 어렵게 하고 있다.

한편 북한은 김일성의 수차례 '반종파투쟁'을 거쳐 1인 체제를 공고히 하였고,[29] 과거 봉건적 잔재를 척결한다는 명분 아래 전통적 집안이나 가문의식을 타파하였을 뿐 아니라 집단거주 이주정책을 실시함으로써 파벌이나 지역감정을 없애려고 많은 노력을 하였다. 그래서 북한은 남한보다 지연, 학연 등 연고주의가 심하진 않다. 그렇다고 해서 전혀 없는 것은 아니다. 비교적 함경도 출신들은 거칠고 고집이 세며 잔머릴 잘 굴린다고 보고 있고, 황해도 사람은 우둔하며 평양사람들은 여우이고 겉과 속이 다르다고 평가하지만 남한의 영호남처럼 심하진 않은 것 같다.[30]

---

29) 김일성은 한국전쟁 직후 허가이, 무정, 박헌영 등 소련파와 연안파, 남로당 주요인물 등을 숙청하였고, 67년 5월 박금철, 리효순 등 갑산파를 숙청함으로써 김일성 유일지배체제를 확립하였다. 현성일, 『북한의 국가전략과 간부정책의 변화연구』(경남대학교 대학원 박사학위논문, 2006), pp.43 - 44.

30) 이 같은 주장은 전 북한 외교관 출신과 함경도 회령에서 교사하다 온 탈북자와 필자가 아는 다른 탈북자들로부터 전해들은 것이다.

남북한이 이와 같은 상태에서 통일이 될 경우 독일이 통일 이후 동독인과 서독인의 지역의 골이 깊어진 것처럼, 남북한은 기존의 지역감정에 남과 북이라는 또 다른 지역감정이 생길 것이 자명하다. 그뿐 아니라 통일 후 북한에서의 구체제의 기득권 집단과 피해자 집단 간의 갈등, 통일 후 새로이 성공한 집단과 실패한 집단 간의 갈등, 남북한 간의 지역갈등이 중첩됨으로써 사회균열과 이질성이 심화될 수 있다.[31]

남북한 주민들이 서로에 대해 가진 편견은 통일 이후 상호접촉이 확대되는 생활세계에서 구체적인 차별로 나타날 것으로 전망된다. 따라서 통일한국의 주민들은 남북한 주민별로 상이한 심리적 갈등과 정체성 위기를 경험하게 될 것이다. 대부분의 남한주민들의 경우 북한국가 또는 체제와 주민을 동일시함으로써 북한주민을 몰개성화하여 그들을 열등하고 불쌍하며, 공격적이며, 폐쇄적이며, 촌스럽다는 등의 인식을 가지고 있는데, 이는 취업, 동업, 결혼 등에서 차별양상으로 나타날 것이다.[32] 그리고 북한주민에 대한 무관심과 불신감은 북한주민의 심리적 갈등과 장애에 대한 지원을 거부하는 결과를 초래할 수 있다.

---

31) 박영호, 『통일이후 국민통합방안연구』(서울: 민족통일연구원, 1994). p.35.
32) 유지웅, 「북한이탈주민의 '사회적 배제' 연구」(성남: 한국학대학원 박사학위 논문, 2005), pp.166－170.

한편 북한주민들의 경우 남한주민들을 이기적이고, 개인주의적이고, 퇴폐적이고, 무책임하다고 생각할 것이다. 그래서 남한주민들에 대해 근원적으로 불신감을 가지게 될 것이다. 이러한 인식과 감정은 그들로 하여금 남한주민들과의 접촉과정에서 소외감을 느끼고 자신이 차별의 대상이 되고 있다는 인식을 가지게 할 수 있다. 이는 궁극적으로 통일국가에의 소속감을 거부하게 될 위험성을 가진다.[33]

지역감정과 이념갈등 등이 통일국가 발전의 발목을 잡아서는 안된다. 만약 지금과 같이, 동서 간의 지역감정과 이념적 갈등을 해결하지 않으면 통일된 후 동서남북으로 나누어질 가능성이 높으며, 이는 우리의 상상을 초월할 것으로 보인다. 따라서 이제는 지역적인 문제를 넘어 서로 용서하고 화합하여 21세기 한민족공동체의 번영과 발전을 위해 노력해야 할 것이다.

■ 북한주민을 위한 내적 치유 방안 준비

구동독 정신과 의사인 한스 - 요하임 마즈는 사회주의체제 하의 동독주민들의 심리상태를 정신적 미숙아로 보았다. 과거 동독 국가가 주민들에게 각종 시혜적 사회보장을 제공하면서도 주민들을 체제에 순응시키기 위해 공포와 위협을 주로 사용했다. 개인은 공포와 위협에 순응하면서 국가가 베푸는 시혜에 전적으로 의존하기 때문

---

33) 김국현, 앞의 논문(2003), p.177; 박형중, "남북한의 사회격차와 사회통합", 『남북한 사회통합』(서울: 민족통일연구원, 1997), pp.145 - 148.

에, 이런 체제하의 인간은 정신적 미성숙 상태에 머무르게 된다. 다시 말해서 마치 아이가 어머니에게 무조건으로 하듯이 국가에 대한 의존성이 심화되면서, 사람들은 자신의 행위에 대한 책임의식과 자신의 처지를 개선하려는 도전정신을 전혀 키우지 않게 되는 것이다. 마츠는 이런 사람들의 심리를 '권위주의적 천진난만함'이라는 말로 표현했다.[34)

그는 또 사회주의체제하에서 만성적 좌절이 야기한 감정정체에 대해서 자세한 심리적 분석을 통하여, 인간의 욕구충족이 만성적으로 제약되면 곧 성격왜곡이 일어난다고 보았다. 성격왜곡은 언제나 쉽게 알아볼 수 있는 것이 아니며, 왜곡현상이 보편화되어 정상적으로 생각되는 경우가 있을 수 있다는 것이다. 즉 사회주의체제에서는 오직 이 성격왜곡을 통해서만 그나마 살아남을 수 있다는 것이다.

'건전한 태도'는 필연적으로 처벌을 받지 않을 수 없다는 것이다. 건전함이란 솔직성, 성실성, 자립성, 비판적 대결능력, 자신의 입장을 갖고 창조적 활동을 하려는 용기 등을 포함한다. 사회주의에서는 이것이 파괴주의적으로 간주되었고 각 개체로부터 강력히 제거되었던 특성들이다. 사회주의체제가 작동할 수 있도록 하기 위해서는 권위주의적 구조가 각 개체들의 내면에 닻을 내릴 수 있어야 했던 것이다. 그것은 다른 사람에 대해서 권력을 행사함으로써 나타나는 적극적 형식으로든지 아니면 굴종함으로써 자신에 대한 다른 사람의 권력행

---

34) 서울대학교 행정대학원 통일정책연구팀, 앞의 책, pp.41 - 42.

사를 감수함으로써 나타나는 수동적 형식으로 가능했던 것이다.35)

이러한 성격왜곡이 가장 잘 나타난 사회가 북한일 것이다. 북한 주민들은 오랫동안 외부와 단절된 채 억압된 통제체제 속에서 살고 있기 때문에 성격이 왜곡되어, 이중적 성격을 보유하고 있을 뿐 아니라 전투적이고 신경질적이며 공격적이어서 통일이 될 경우 남한 주민들과 많은 부분에서 마찰을 일으켜 큰 사회적 문제가 될 것이 분명하다. 이러한 문제들을 해결하기 위해서는 그들의 왜곡된 내면 세계를 치유할 프로그램 개발이 통일을 위한 시급한 과제이다.36)

---

35) 한스 요하임 마즈, 『사이코의 섬: 감정정체·분단체제의 사회심리』(서울: 민음사, 1990), p.72.

36) 탈북자 김명세 씨는 탈북자들이 기독교에서 상한 마음을 치유하는 내적 치유 교육을 받을 것을 주장하고 있다. 이러한 종류의 프로그램인 「아버지학교」가 KBS에 소개된 바 있다.

제6장 통일을 위한 준비

우리 민족은 오랫동안 여러 가지 어려움에도 불구하고 독특한 민족공동체를 형성하여 왔다. 그러나 구한말 일제의 강점기를 거쳐 해방되었으나 우리의 뜻과는 상관없이 열강들에 의해 분단되었다. 분단으로 인해 우리 민족은 수많은 대가를 치렀다. 6·25 민족상잔으로 수백만이 사망하였고, 천만 이산가족이 사랑하는 사람과 떨어져 살아야 했다. 뿐만 아니라 과거 냉전의 시대에는 서로 다른 이념으로 남북한 모두 불필요한 국력을 소모해야만 했다. 지금 생각해 보면 그다지 중요치 않은 것에 매달려 남북한은 긴 세월을 남보다 못한 적대적 관계를 유지해 온 것이다.

구소련과 동구 공산권국가의 몰락 이후 국제사회는 이제 이데올로기가 아니라 국익을 최우선으로 하는 무한경쟁 시대로 접어들었다. 그래서 영원한 적도 영원한 우방도 없는 국제사회가 되어 버렸다. 이러한 국제 환경의 영향을 받아 한반도를 둘러싼 국제정치도 많은 변화를 가져왔다. 북미관계도 변화의 조짐을 보이고 있으며, 특히 남북한 관계는 일부 비판이 없지 않지만 과거에는 상상할 수조차 없을 만큼 큰 진전들이 일어나고 있다. 두 차례의 남북정상회담을 비롯하여 많은 사람이 금강산 및 개성관광을 다녀왔으며, 상대적으로 적은 숫자이지만 북한주민 또한 남한을 방문하는 수가 점차 늘어나고 있다. 또한 남북한이 함께 개성공단을 건설하였고, 남북한 교역도 날이 갈수록 증가하고 있다.

　새로 집권한 현 정부도 남북한 간의 이러한 큰 흐름을 막기 어려울 것으로 보인다. 남북한 간의 빈번한 교류협력의 증가는 통일을 향한 발걸음이라 볼 수 있다. 통일이 어떠한 형태가 될지 모르지만 통일의 때가 다가오고 있다는 느낌을 지워버릴 수 없다. 문제는 통일을 우리가 준비하고 있지 않다는 데 있다. 준비 안 된 통일이 얼마나 많은 고통을 주는가를 독일통일이 잘 보여주고 있음에도 불구하고, 우리는 통일이 먼 장래에 이루어질 것이라고 믿고 별다른 대책을 세워 놓고 있지 않다.

　앞에서 살펴본 것처럼, 남북한 분단 이후 서로 다른 체제를 형성 유지하면서 그 체제가 요구하는 인간형을 형성하기 위해 다양한 정치교육을 실시하여 왔다. 통일은 정치적·제도적 통합이 먼저 이루어지겠지만 보다 중요한 것은 남북한 사람의 통일이다. 진정한 사람의 통일이 없이는 참다운 통일을 이루기 어렵다.

　남한은 자유민주주의 정치이념에 따라 보편적인 민주적인 인간을 형성하여 왔다. 이에 반해 북한은 마르크스-레닌주의와 김일성유일 사상체계에 입각한 이른바 '주체형 인간'을 양산하여 왔다. 북한주민들은 말할 자유도 먹고 입을 자유도 없는 폐쇄된 체제 속에서 오직 당과 수령만을 위해 각고한 삶을 살고 있다. 이러한 북한주민들과 자유롭게 살아온 남한주민들이 더불어 살아가는 것은 결단코 쉬운 일이 아니다.

　오랫동안 탈북자를 만나온 필자의 경험에 의하면, 북한주민들은 남한사람들이 생각하는 그러한 사람들이 아니다. 그들과는 정서적으로 같은 민족이라는 공통점만 있을 뿐 상당부분 우리와 너무 다르다. 언어도 많이 이질화되었고, 사고나 행동도 상당부분 우리와 다르다. 문제는 이러한 사람들이 소수가 아니고 2천만 명이 넘는다는 데 있다. 더욱 중요한 사실은 그들을 우리가 안고 가야한다는 데 있다. 이것은 남의 일도 허구도 아닌 불원간 우리에게 닥칠 현실이다.

　가치관이 다른 사람과 함께 산다는 것은 쉬운 일이 아니지만 그렇다고 불가능한 일도 아니다. 가치관이 다른 사람과 살기 위해서는 서로를 이해하고 용납하는 훈련이 필요하다. 이러한 훈련은 하루아침에 되는 것이 아니다. 통일은 결국 남북한 주민이 그동안의 분단의 골을 매워 하나의 평지를 만들어 가는 것이다. 염려가 되는 것은 남한주민들이 너무 개인주의화되어 버려서 그 골을 매우기가 쉽지 않을 것이라는 점이다. 그렇다고 피할 수 있는 일도 아니다. 어떻게 보면 이것은 이 시대를 살고 있는 우리의 과제요 운명인지도 모른다. 피할 수 없는 운명이라면 정면 돌파를 하는 수밖에 없다. 지금 우리가 해야 할 일은 통일 후유증을 최소화하는 방안을 강구하는 것이다. 이를 위해서는 앞에서 제기한 문제들을 지금부터 준비하는 것이다. 그렇게 할 때 통일은 우리 민족에게 재앙이 아니라 한민족이 다시 도약하는 발판의 계기가 될 것이다.

<보론> 북한체제의 이해 *

* 이 글은 <북한연구학보> 제6권 제2호(2002)에 <북한체제 특이성의 역사문화적 가능조건에 관한 연구 : 이데올로기 교조화와 우상화·세습화를 중심으로>으로 제목으로 게재된 논문을 그대로 옮긴 것이다.

1. 머리말

북한체제에 대한 성격논쟁이 최근 들어 북한연구의 큰 관심사가 되고 있다.[1] 과거에는 북한체제의 성격을 둘러싼 논의 자체가 필요 없었다. 왜냐하면 프리드리히(Carl J. Friedrich)와 브레진스키(Zbigniew K. Brezezinski)로 대표되는 전체주의사회로 북한체제를 파악하면 되었기 때문이다. 그러나 전체주의론은 국가의 사회에 대한 강력한 통제라는 북한의 현실과 최근의 사회주의권 붕괴 속에서 상당히 적실성 있는 것처럼 받아들여졌지만, 이론의 선험성과 이분법적 인식론 그리고 정태적 인식이라는 비판을 면할 수 없었다.[2]

이러한 전체주의론의 한계를 보완하고자 등장한 이론들이 B. 커밍스의 사회주의적 조합주의론과 이를 비판하고 있는 G. 매코맥(Gavan McCrmarck)으로 대표되는 신전체주의론이다. 그 밖에 와다하루키(和田春樹)는 유격대국가론을, 스즈키 마사유키(鐸木昌之)는 수령제 모델을, 이종석은 수령제 모델을 수정한 유일체제 모형을 제시하고 있다.[3] 그러나 이러한 많은 연구에도 불구하고 북한의 국가체제 성격을 어느 하나의 이론모형으로만 설명하기는 어렵다.

---

1) 북한의 국가성격에 대한 보다 구체적인 것은 최완규 엮음, 『북한의 국가성격 변용에 관한 연구』(서울: 한울, 2001)참조.

2) 이종석, 『현대북한의 이해』(서울: 역사비평사, 2000), pp.113 – 117.

3) 북한연구동향과 방법에 관해서는 이종석, 위의 책, pp.23 – 61; 최완규 엮음, 앞의 책, pp.11 – 40 참조.

북한은 주지하다시피 구소련이나 동구사회주의 국가 그리고 우리
와 인접해 있는 중국, 베트남 등 유교적 사회주의와는 달리 마르크스
－레닌주의의 보편성에서 벗어나 기존의 체제분류나 모형으로는 적
절히 취급할 수 없는 유일무이한 특이한 체제를 형성하고 있어 세계
의 주목을 끌고 있다.4) 김일성은 일찍 권력투쟁과정에서 정적들을
제거하고, 또한 자신과 가계에 대한 우상화 작업을 실시하여 완전한
의미에서의 1인 지배체제를 확립하였을 뿐 아니라 권력을 세습함으
로써 어느 공산주의 국가에서도 그 유례를 찾아보기 어려운 전례를
남겼다.5) 또한 이제 북한은 단순한 전체주의 사회도 공산주의 국가
도 아닌 일종의 김일성교라는 특이한 유일신을 가진 종교 국가가 되
었다고 해도 과언이 아니다. 북한 사회의 이러한 종교 국가적 특성을
이해하지 않으면 오늘의 북한사회를 이해하기 어렵다.6)

  이와 같이 마르크스 레닌주의를 표방하는 체제에서 주체사상으
로 전 인민을 교조화·절대화하고 있으며, 나아가 왕조적인 권력승
계의 방법이 공공연하게 시도된 북한을 유일무이한 특수체제라고

---

4) 李洪九, "北韓研究의 學問的 課題", 金俊燁·스칼라피노 共編, 『北韓의
   오늘과 내일』(서울: 法文社, 1987), p.13.
5) 申正鉉, "北韓共産體制의 權力構造와 變化展望", 李命植·申正鉉 共編,
   『現代共産體制의 比較分析』(서울: 日新社, 1987), p.35.
6) 李相禹, "김일성 체제의 특질", 李相禹 외, 『북한40년』(서울: 乙酉文化
   社, 1988), p.26; 북한사회의 종교적 특성에 관한 보다 자세한 것은, 김
   병로, 『북한사회의 종교성: 주체사상과 기독교 종교양식 비교』(통일연구
   원, 2000) 참고.

할 때엔, 바로 그 특수성이 무엇인가를 면밀하게 살펴볼 필요가 있다. 모든 체제는 어느 정도 보편성과 특수성을 지니고 있기 마련이다. 그러나 북한의 경우는 사회주의의 보편성보다는 그 특수성의 정도가 대단히 높기 때문에, 기존의 체제 분류나 이론을 적용하는 평범한 방법을 넘어서 북한체제의 특수성을 체계화하는 힘겨운 연구가 요구되고 있는 것이다.[7]

　본 글은 북한체제가 다른 사회주의체제에서 찾아보기 어려운 특수성, 즉 교조화·절대화된 주체사상과 김 부자의 우상화·세습화가 어떻게 가능하였는가를 주로 역사 문화적(The Historical Cultural Approach)으로 측면에서 살펴보고자 한다. 북한체제가 지니는 특성이 여러 가지 있겠으나 다른 사회주의 국가에서 찾아볼 수 없는 통치이데올로기인 주체사상의 전 인민의 교조화와 김일성·김정일의 우상화 및 권력의 세습화라 할 수 있다. 이러한 특이성은 다른 사회주의 이론만으로 설명이 용이하지 않다. 따라서 필자는 북한체제가 가지는 이러한 특이성을 우리역사문화와 관련지어 찾아보고자 한다.

　비록 공산주의 연구에 있어 역사문화적 접근이 역사적 형성력에 대한 지나친 신뢰로 인해 개별 공산주의체제의 특이성을 지나치게 강조하고 공산주의체제의 이념적 동류성이나 구조적 특성을 간과한다는 한계를 지니고 있지만,[8] 북한체제의 특이성을 이해하는 데는

---

7) 李洪九, 앞의 논문, p.13.

다른 연구방법보다 더 적실성을 갖고 있다고 보기 때문이다. 아울러 본 글에서는 이해를 돕기 위해 비교적 오랫동안 유교사상이라는 통치 이데올로기하에 동일한 유교문화를 공유해 왔고, 또 비슷한 시기에 공산국가를 건설한 중국과 대비시켜 살펴보고자 한다.

2. 북한체제의 특이성

1) 교조적 이데올로기

교조(dogma)란 원래 종교적 용어로 사전적 의미는 "교회가 공인하여, 신자들에게 믿도록 하는 교의를 조목으로 들어서 표현한 것"을 의미하며, 교조주의란 "과학적·합리적인 증명을 하지 않고 신앙이나 신념에만 기조하는 사고방식으로 사물을 설명하려는 태도" 또는 "권위자가 말한 것을, 깊이 이해하지 않고 기계적으로 추종하려는 태도"를 뜻하며, 비과학적·독단적인 특성을 지닌다.9) 북한체제가 통치이념인 주체사상에 대해 비판을 허용하지 않는다는 점과 유일사상체계10)를 이루고 있다는 점에서 교조화·절대화된 이데올로기

---

8) J. Cohen and J. P. Shapiro, "Introduction", in Cohen and Shapiro(eds.), *Communist Systems in Comparative Perspective*(Garden City: Doubleday & Company, 1974), p.xxiii, xxiv.

9) 신기철·신용철 편저, 『새우리말 큰 사전』(서울 :삼성출판사, 1989), p.356.

를 지닌 국가라 하겠다.

　일반적으로 모든 공산주의 체제는 마르크스-레닌주의에 기초를 둔 하나의 공식 또는 관제적 통치이데올로기를 가지고 있다. 체제 성원 모두가 지지하도록 강요된 통치이데올로기는 사회체제의 모든 영역을 통제한다. 그것은 체제의 발전 방향과 전략을 결정해 주는 지도이념으로서, 그리고 그 체제를 유지·변화시켜 가는 공산당의 통치를 정당화시키는 논리로서, 체제 성원 모두의 행위규범의 역할을 수행해 나가며, 경우에 따라서는 행위의 선악을 가려주는 종교에 해당되기도 한다. 이렇듯 공산주의 체제의 경우, 다른 자유주의체제와는 달리 생존과 발전을 지향함에 있어서 통치 이데올로기의 비중은 지대한 것이다.[11]

　북한은 정권 초기에는 통치이데올로기로서 마르크스-레닌주의만을 채택하였으나, 김일성 1인 지배 체제확립과정에서, '주체사상'이 더 큰 비중을 차지하게 되었다. 그리고 김정일이 후계자로 지명되면서 그에 의해서 주체사상을 절대화·관념론화하는 일환으로 '온 사회의 주체사상화'를 강조하고, 주체사상을 '김일성주의'로 격상시켰다.[12] 나아가 북한은 김일성의 주체철학이 마르크스-레닌주의의

---

10) 유일사상체계에 관하여서는 이종석, 앞의 책, pp.210-233 참조.

11) 梁好民, "전체주의 1인 독재체제의 확립", 李相禹 외, 앞의 책, pp.64-65.

12) 위의 논문, p.64.

한계를 극복한 불멸의 철학이며, 김정일이 이를 더욱 계승 발전시켰다고 주장하고 있다.

> 김일성의 주체철학은 우리 혁명시대의 요구를 정확히 반영한 혁명철학이며 마르크스 – 레닌주의를 새로운 높은 단계로 발전시킨 우리시대의 로동계급의 불멸의 철학이며 인류의 철학발전에 일대 혁명적 전환을 일으킨 철학이다.[13]

> 이상에서 말씀드린 것처럼 마르크스주의를 포함해서 주체의 사회 역사관 이전의 사회역사관들은 물질이 1차적이냐 의식이 1차적이냐 하는 철학적 논쟁의 필연적 연장으로서 인류 역사를 객관주의적으로 혹은 주관주의적으로 해석했습니다. 불멸의 주체사상이 창시됨으로써 지난 시기 사회역사관의 이 같은 한계성이 극복되고 역사발전에서 민중이 차지하는 지위와 역할을 정확히 밝힌 사람 중심의 새로운 사회 역사관이 출현하게 됐습니다.[14]

뿐만 아니라 북한은 ‘김일성주체사상’이란 통치이데올로기를 하나의 사상으로 일색화, 무장화된 참 공산주의 혁명가가 될 것을 요구하고 있다.

> 주체사상의 기치 밑에 승리의 한길을 걸어온 조선혁명은 20세기 70년대에 이미 온 사회를 하나의 사상으로 일색화하는 력사적 과업을 실현하는 높은 단계에 들어섰다.[15]

---

13) 김일성 방송대학 강의록, 『철학강좌』(서울: 極東問題硏究所, 1974), p.9.
14) “김일성주의 강좌: 사회역사에 대한 고찰”, 「민민전방송」, 2002년 3월 21일자.

또 최고지도자인 김일성, 김정일에 대한 최고의 존칭과 고딕활자 사용이다. 예컨대 사진 화보설명을 담은 아트지 지면에서 김일성 석 자는 반드시 고딕활자로 표기한다.

> 위대한 수령 **김일성**동지께서는 다음과 같은 내용으로 가르치시 였다. 우리가 얻은 가장 귀중한 성과는 조선인민혁명군의 력량을 보존하였을 뿐만 아니라 그를 강철 같은 불패의 대오로 더욱 단련 강화하였다는 것이다.[16]

북한에서 발간되는 각종 서적이나 신문, 심지어 학술논문까지도 반드시 김일성·김정일의 어록이 들어가며, 김 부자의 이름 앞에는 몇 줄에 한 번씩 '위대한 수령', '경애하는 수령', '친애하는 지도자' 등의 수식어가 삽입된다.

> <u>위대한 수령</u> **김일성**동지께서는 다음과 같이 교시하시였다.
> **《우리는 다른 나라 당들의 투쟁경험을 조선의 실정과 결부하여 연구하지 않고 그것을 기계적으로 받아들여 당원들에게 불어넣는 경향을 절대로 허용하지 말아야 하겠습니다.》** (《김일성저작집》 제9권, 260페이지)[17]

---

15) 량룡규, "위대한 령도자 김정일동지의 사상리론은 경애하는 수령 김일 성동지의 혁명사상을 계승발전시킨 위대한 혁명사상", 『위대한 령도자 김정일동지의 사상리론, 철학1』(평양: 사회과학출판사, 1996), p.54.

16) 『고난의 행군』(평양: 조선로동당출판사, 1977), p.270.

17) 『위대한 김일성동지혁명력사』(평양: 조선로동당출판사, 1992), p.439.

《수령님께서는 조상전래의 인정과 성량성, 미덕을 조선민족의 자랑으로 여기시고 우리 인민을 위한 가장 훌륭한 인덕의 정치를 베푸시였습니다》

……문무충효를 겸비하신 친애하는 지도자 **김정일**동지께서는 인민에 대한 숭고한 사랑을 지니시고 우리 인민을 위한 가장 훌륭한 인덕의 정치를 베푸시고 계신다.[18]

김일성·김정일에 대한 이러한 표기 관행은 왕조시대에 왕이나 중국황제의 이름을 휘(諱)하던 습관, 왕이나 왕명과 관계되는 기사가 나올 때 반드시 상단일자(上段一字)를 떼어 쓰던 지식인들의 습관을 연상시킨다. 수령은 보통의 인간이 아닌, 과거의 왕에 준하는 별종의 인간이라는 관념이 이러한 독특한 표기방식을 낳았다고 본다. 이러한 표기 방식은 김일성 우상화작업이 어느 정도 정착된 1970년대 이후 두드러지게 자주 사용되고 있다.[19]

그뿐 아니다. 북한에서 발간한 『철학사전』은 마르크스－레닌주의 철학의 해석권을 김일성 1인이 독점할 정도로 쇼비니즘화되고 1인 독점화되어 있다. 그 증거로 사전 권두에 '김일성의 생애와 사상' 해설을 실었을 뿐만 아니라 김일성의 저작명이나 연설 제목을 모조

---

18) 「로동신문」, 1993년 1월 28일자.

19) 崔載賢, "北韓社會理念속의 傳統的要素", 『亞細亞 傳統社會에 미친 共産主義의 影響』(서울: 서강대학교 동아연구소·국립정치대학국제관계 연구중심, 1987), p.7; 또 이러한 표현 양식은 기독교 문헌들에서 많이 발견할 수 있다. 김병로, 앞의 책 참조.

리 '올림말'로 망라했고, 어휘 해설은 모두 김일성의 연설에서 인용하고 그 인용 부분은 특별히 고딕활자로 강조하는 있는 점이다.[20]

북한은 또 김정일이 1982년 김일성 탄생 70돌 기념으로 북한의 전국 주체사상 토론회에 보낸 논문『주체사상에 대하여』(1982)는 그동안 북한의 통치 이데올로기인 마르크스－레닌주의에 대한 해석권은 김일성의 1인 독점하였으나, 김정일의 논문 발표 이후 통치이데올로기에 대한 독점권이 김정일에게 세습된 것을 뜻한다.[21]

이와 같이, 북한의 주체사상은 마르크스주의의 하위사상에 출발하여 일직선으로 치달아 그것을 대체하는 지도사상으로 자리매김하였으며, 특히 사상 해석권을 배타적으로 독점한 후계자 김정일에 의해서 이론화, 체계화의 길을 밟아 왔다. 이 과정에서 주체사상은 북한 사회에서 절대적인 이데올로기로 자리잡았으며 오늘날 와서는 현실을 규정하는 사상이론으로까지 격상되었다.[22] 또한 김정일이 주체사상의 해석권을 독점하게 되었고, 그 어느 누구도 이에 대해 반론을 제기하거나 이의를 제기할 수 없는 교조화·절대화된 통치이데올로기의 역할을 하고 있다.

북한의 통치 이데올로기가 김일성·김정일 부자에 의해 교조화·절대화되어 온 반면, 중국의 통치 이데올로기인 모택동사상은 몇 번의 정

---

20) 신일철,『북한주체철학연구』(서울: 나남, 1993), p.78.

21) 위의 책, p.42.

22) 이종석, 앞의 책, pp.182－183.

변을 겪었으나 북한처럼 교조화·절대화되지 않고 또 '주의'로 부르지
도 않고 아직 마르크스-레닌주의를 중국에 창조적으로 적용한 '사상'
으로 존재하고 있을 뿐이다. 이러한 점에서 중국과 북한은 같은 유교적
사회주의 국가이지만 차이를 보이고 있다.

2) 우상화와 세습화

국가 원수를 우상화, 개인 숭배하는 경우를 찾아보기가 쉽지 않
다. 원래 우상이란 "참된 것이 아닌 다른 모습 또는 중간에 게재하
는 것"23)을 뜻하며, 우상화란 "우상으로 됨" 또는 "우상적인 것으
로 만듦"을 의미한다.24) 다시 말해서 우상화란 진실이 어떤 것에
장애에 의해 가려 실상을 올바르게 파악할 수 없는 것을 뜻한다.
우상화의 극단적인 양태가 신격화이며, 이는 인간을 지나치게 과장
하여 신의 위치까지 올려놓은 형태를 말한다. 북한에서 김일성·김
정일은 비범성 혹은 초인간적 우월성을 가지는 거의 절대적 존재로
신격화하여 받드는 개인숭배(cult of personality)를 하고 있다.

전근대적 봉건주의체제에서나 종교단체에서 볼 수 있는 우상화·신
격화가 이루어지고 있는 북한체제25)는 우민화 정책을 통하여 북한주
민들을 수령의 지시에 맹목적으로 순종하는 신민형 인간으로 만들어

---

23) 『민중에센스국어사전』(서울: 민중서림, 1992), p.1631.
24) 『원색 세계백과사전 전32권』(서울: 한국교육문화사, 1994), p.387.
25) 황장엽 전 북한 노동당비서는 북한사회를 현대판 봉건주의 독재체제
　　로 규정하고 있다. 「세계일보」, 1997년 9월 24일자.

놓았다.[26] 그것도 모자라 김일성은 자기의 가계, 처, 자식에 이르기까지 그와 관련된 모든 것을 우상화하여 자신과 가계를 숭배하도록 해 놓았다.

첫째, 김일성·김정일은 먼저 자신들의 가계를 우상화하였다. 북한에서는 김일성의 증조할아버지부터 조부, 부모, 외가, 모두를 우리나라 근대혁명운동과 조국의 자주독립을 위해 싸운 '애국자', '혁명가' 등으로 묘사하면서, 그의 가계 전체를 '가장 애국적이며 혁명적인 가정'[27]으로 기술하면서 우상화하고 있다. 김일성의 증조부 김응우를 고종 3년(1886년)에 미국상선 제너럴 셔어만(General Sherman)호가 대동강을 거슬러 올라와 평양에 이르러 통상을 요구하다가, 평양 군민들로부터 화공을 당하여 불타 소멸되었을 때 주도적 역할을 하였다며 역사를 왜곡하고 있다.

> 미국해적선 《샤만》 호를 소탕하기 위한 투쟁에서 김응우선생님은 실로 우리 조국청사에 길이 빛날 불멸의 업적을 쌓아올리시였으며 이 싸움마당에 떨쳐나선 인민들은 무비의 영웅성과 애국적헌신성을 유감없이 발휘하였다.[28]

그 밖에 김일성의 아버지 김형직(1894-1926)을 '민족해방운동'

---

26) 서재진, 『또 하나의 북한사회』(서울: 나남출판사, 1995), p.125.
27) 『위대한 수령 김일성동지혁명력사』(평양: 조선로동당출판사, 1992), p.3.
28) 박득준 편집 『근대조선력사』(평양: 사회과학출판사, 1984), pp.18-19.

의 선각자, 탁월한 지도자로 추앙하고 있으며, 그의 숙부인 김형권과 더불어 '1917년 당시 최대의 반일지하조직'이라고 날조된 <조선국민회>를 주도, 3·1운동에서 중요한 역할을 했을 뿐 아니라, 동북만주에서 항일혁명투쟁에 참가한 것으로 기술하고 있다.[29] 또한 김일성의 모 강반석은 '혁명가의 아내'로서 민족주의운동으로부터 공산주의운동으로의 전환기에 부 김형직과 함께 각종 항일활동을 해왔을 뿐 아니라 '김일성을 낳고 키운 조선의 어머니'로서의 역할을 다했으며, 특히 1926년에 그녀가 반일부녀회를 조직하는 등 공산주의 여성운동의 기원을 열어 놓았다고 선전하고 있다.[30]

두 번째, 김일성·김정일은 자신들 스스로를 우상화·신격화하고 있다. 김일성은 태어날 때부터 범인들과는 달리 큰 별이 나타났으며,[31] 어릴 때부터 애국심이 출중할 뿐 아니라 백두산 인근에서 항일빨치산운동을 할 때에는 신처럼 활동한 것으로 묘사하고 있다.

김일성장군님께서는 백두산 정기를 타고나시고 하늘의 별을 부리시는 분이시기에 천지조화를 다 알고 계신대. 장군님께서 왜놈들을 치실 때는 장군별을 하늘에 띄워 놓으시고 적들을 몽땅 골짜기

---

29) 『백과전서(1)』(평양: 과학, 백과사전출판사, 1982), pp.727 – 728.

30) 『민족의 영웅 인민의 수령 김일성원수』(평양: 로동자신문사, 1970), p.29.

31) 북한에서 발간된 책에는 김일성이 백두산에서 태어날 때쯤에 백두산에 큰 별이 솟았는데, 일본천황과 신하들이 이를 보고 놀랐다고 미화하고 있다. 『김일성전설집』(서울: 백수사, 1996), pp.18 – 19. 북한의 4·15 문학창작단은 1987년 김일성과 김정일의 전설집인 『백두산전설집』(북한 문예출판사간행)을 발간하였다.

에 몰아넣고 잡으시기도 하고 구름을 타고 적진에 들어가서 놈들과 싸워서 죽게도 하신다구 그러더라. 그리고 뭐 도망치는 놈들은 길을 잃고 제자리에서 헤매다가 돌로 굳어져 죽게도 만드신데.[32]

또 북한에서는 김일성이 태어난 4월 15일을 민족의 최대 명절로 정하고 이를 <태양절>로 규정하고 있으며, 세계의 많은 민족 중 오직 북한만이 태양절을 모시게 되어 큰 은혜라고 김일성의 탄생을 기념하고 있다. 뿐만 아니라 우리 민족을 '김일성민족'으로 묘사하는 등 김일성 우상화의 극치를 이루고 있다.

오늘은 4월 15일, 기다리고 기다리던 4월의 봄명절, 우리 민족 최대의 명절인 태양절입니다. 위대한 수령 **김일성**동지께서 탄생하신 경사스러운 태양절을 맞이한 이아침, 인민의 마음은 어버이 수령님께서 생전의 모습으로 계시는 주체의 성지로 달려갑니다.……태양절은 주체의 태양을 모신 나라에서만 제정할 수 있고 인류의 태양을 받드는 인민만이 전통적인 최대의 경사로 기념할 수 있는 명절입니다.[33]

태양절은 우리 민족 최대의 명절이다. ……우리 나라는 위대한 수령님의 현명한 영도에 의하여 독립되고 융성번영하게 된 **김일성**조선이며 우리 민족은 수령님의 손길에서 구원되고 존엄을 떨치게 된 **김일성**민족이며……[34]

---

32) 『민족의 영웅 인민의 수령 김일성원수』 pp.23 - 24.
33) "민족 최대의 명절 태양절", 「중앙방송」, 1998년 4월 15일 방송.
34) 「로동신문」. 1998년 4월 15일자 사설.

북한은 김일성 못지않게 그의 아들인 김정일을 우상화하고 있다. 북한의 인민학교(현 소학교)에서는 4년 동안 <친애하는 김정일선생님 어린시절>과목으로 152시간을 학습하도록 되어있고, 고등중학교(현 중학교)에서 6년동안 <친애하는 김정일선생님 혁명활동>112시간 및 <친애하는 김정일선생님 혁명력사>110시간을 배우도록 규정하고 있다. 그 밖에 국어·수학을 비롯한 거의 전 과목에 걸쳐 김정일우상화 내용을 수록하고 있다.[35]

> 아 친애하는 우리의 지도자 **김정일**동지
> 그이께서 백두산에 탄생하시였나니
> 백두산
> 거기서 조선의 별이 뜨고
> 거기서 조선의 행복
> 조선의 미래가 시작되었다.[36]

나아가 북한인민들은 김일성·김정일 부자세습을 수령복으로 간주하고 이를 찬양하고 있다.

> 온 겨레의 염원에 받들려 주체혁명위업의 계승자로 높이 추대되신 **김정일**영도자께서 계시어 이북민중은 민족사에 융성과 번영의 이정표를 세우게 되었으며 통일조국과 후손만대의 양양한 전도를

---

35) 고등중학교 3학년 국어 제5과 『해돋이』, 16쪽: 『김정일우상화 사례집』 (통일원, 1992), p.19.

36) 위의 책, p.20.

확신하게 되었다.

　위대한 수령님에 이어 경애하는 **김정일**영도자를 민족자주위업의
영수로 높이 추대한 것은 우리 민족만이 받아 안은 수령복이 아닐
수 없다.[37)]

　북한은 또 김일성 일가와 관련된 모든 곳을 혁명사적지[38)]로 지정
하여 김일성 가계를 우상화하고 있으며, 그 밖에 노동신문이나 방
송, 텔레비전, 심지어 영화와 음악, 무용 등 예술활동을 통해서도
수령 우상화에 모든 노력을 경주하고 있다.[39)]

3. 특이성 가능조건

1) 이데올로기 교조화의 조건

　중국 공산당은 사회주의 강국이면서도 모택동사상을 창조적 비판
을 하고 항상 마르크스 - 레닌주의의 보편성을 중국의 역사적 제약
성과 현실적 조건에 창조적으로 적용시키려고 노력해 왔지만, 결코

---

37) 김남진 외,『향도의 태양 김정일장군』(동방사, 1995), p.36.

38) <혁명사적지>는 김일성은 물론 김정일 및 그의 가계 인물들의 혁명업
　　적을 기념하기 위해 지정한 것인 반면 <혁명전적지>은 <혁명사적지>
　　의 한 형태로 주로 김일성의 업적을 기리기 위해 지정된 것을 말한다.

39) 黃長燁,『어둠의 편이 된 햇볕은 어둠을 밝힐 수 없다』(서울: 月刊朝
　　鮮社, 2001), p.82.

마르크스-레닌주의를 넘어선 독자적인 사상체계임을 주장한 적은
없다. 이에 반해 북한은 김일성의 주체사상을 주체이론으로까지 격
상시키면서, 김일성의 주체사상이 마르크스나 레닌주의의 한계를 넘
어선 특별한 존재로 위상을 만들어 갔다.[40]

그러면 북한은 다른 사회주의 국가와 달리 통치이데올로기인 주체
사상으로 전 인민의 사상을 통제하고 절대화·교조화하고 있을까라
는 의문이 제기된다. 그 원인은 여러 가지가 있을 수 있으나 역사문
화적 측면에서 살펴보면 다음과 같은 배경을 지적해 볼 수 있다.

첫째, 좁은 영토로 인하여 사상의 교조화·절대화가 가능하였다
는 점이다. 중국은 영토가 광활한 데 비하여 상대적으로 한반도는
중국의 1/45밖에 되지 않은 좁은 땅을 가지고 있다. 다시 말해서
중국은 역사적으로 보아도 영토가 넓어 통치이데올로기를 전국적으
로 침투시키기가 쉽지 않았다는 말이다. 그래서 중국을 최초로 통일
한 진시황은 이러한 사상적 혼란을 막기 위해서 분서갱유를 한 것
이다. 그 이후에도 중국은 통치이데올로기를 인민들에게 내면화시키
려는 많은 노력을 기울여 왔으나 그 실효를 거두기가 쉽지 않았다.
실제로 최근까지 중국 오지의 사람들은 지금이 청나라 말기인지 또
는 모택동시대인지 아무런 의식 없이 살고 있으며, 심지어 국가라는
개념 자체를 모르고 사는 사람도 허다하다.[41]

---

40) 金昌順, "金正日權力의 北韓史的 意味", 『北韓學報』第23輯(서울: 北
　　韓研究所·北韓學會, 1998), pp.8-9; 이종석, 앞의 책, pp.180-182.
41) 홍일식, 『한국인에게 무엇이 있는가』(서울: 정신세계사, 1996), p.35.

이에 반해 우리 한반도는 완결된 단위국토이지만 너무나 비좁아 권력자의 눈을 피할 수 있는 곳이 삼천리강산 어디에도 없다. 그러기에 일단 어떤 이데올로기가 지배하게 되면 유교이든 공산주의이든 모두가 무소불위의 절대적 권위로 군림하고 곧장 경직화된다.[42] 이는 전통사회의 경제적 토대와 밀접한 관련이 있다. 한국 전통사회의 기본적 사회단위인 마을은 점점 영세화되어 원기(原基) 그대로의 자연적인 상태에 놓이게 된다. 사전, 사유권만은 오직 권력만으로 유지할 수 있었다. 양반으로서의 계급과 위신의 유지, 사유권의 확보가 권력에 직결되므로 권력에 의한 파벌싸움은 필연적이다. 여기에는 반대질문을 허락하지 않는 교육은 권위주의를 낳았고, 이러한 경향은 오늘날에도 마찬가지로 일방 통행적인 지식전달 방식으로 이어지고 있다.

또한 조선조의 성리학이 주자 이후 중국에 있어서보다도 더욱 발달된 성리학 체계를 갖추었을 만큼 정교화되었으나,[43] 성리학의 논리도 지나친 의리와 명분은 흑백논리로 기울어지고 그것이 관학화됨으로써 사상은 유연성을 잃게 되었고, 마침내 그 논리가 일상적인 행동의 명분으로까지 적용되었다. 한국인이 좋아하는 네 자로 된 한자 숙어는 조선시대에는 '대의명분, 위정척사'가 있으며, 최근에는 '주체조선', '반미투쟁', '반미자주'라는 말을 즐겨 쓴다. 이들은 모

---

42) 金容雲, "文化傳統과 韓國人의 正體性", 『文化傳統과 社會發展』(서울: 미원문화재단, 1991), p.14.

43) 裵宗鎬, "退溪의 哲學과 그 展開", 『韓國思想史大系 4』(성남: 韓國精神文化研究院, 1991), p.314.

두가 같은 발상, 다시 말해서 감정의 논리화에서 비롯된 것들이다. 구호의 내용은 시대마다 다르지만 경직화되고 비타협적이라는 점에 서는 공통점을 이루고 있다.[44]

〈조선왕조와 북한체제 비교〉

	이데올로기	정치이념	이상적 인간	경직성	형벌	정권 교체	외교 정책
조선왕조	주자학	동방예 의지국	선 비	斯文亂賊	五族을 벌함	세습	쇄국
김일성체제	마르크스·레닌주의	주체사상	당 원	反動	肅淸	세습	쇄국

이와 같이 교조화·경직화된 성리학은 유가사상 이외 어떠한 사 상도 '사문난적(斯文亂賊)'이라 하여 숙청하거나 '싹쓸이'하여 유교 사상 이외 어떠한 사상도 발붙일 수 없었다. 아마도 북한에 주체사 상이 전 인민들의 생활을 지배하고 있는 것은 조선조 유교윤리가 조선사회를 지배한 것과 별다른 차이를 발견할 수 없다.

김일성체제와 조선왕조는 다 같이 외국산 사상을 주체적으로 해 석하며 본 고장보다도 정통 주류임을 자부하고 있다. 정치 이데올로 기의 경직성도 반대파에 대한 형벌도 가혹하다. 특히 조선왕조에서 는 역적으로 몰리면 모계, 처계까지 5족을 잡아들였다.[45] 북한도 김

---

44) 金容雲, 앞의 논문, p.20.
45) 김용운, 『세계 천년의 시각으로 본 한국의 백년』(서울: 고려원, 1996),

일성·김정일체제에 반대하는 세력을 결코 허용하지 않는다는 점에서
유사성을 보이고 있다.

그러나 영토가 넓은 중국은 우리와 다르다. 예를 들면 당나라 때
의 저명한 무장 고선지(高仙芝)는 멀리 서역까지 진출했으며 현종
의 두터운 신임을 받았고, 신라의 최치원도 당에서 과거에 합격하여
크게 활약하였다. 당시 중국의 과거에 합격한 신라인의 수는 수백
명에 이르렀다. 조선족뿐만 아니라 한족 이외 고관·장군이 많았다.
중국은 출신민족에 구애를 받지 않고 능력 중심의 정책을 실시한
것이다. 그것이 중국의 강한 동화력(同化力)의 한 요인이 되었다.
화교가 발붙이지 못하게 하고, 외국인 근로자들을 차별하며 같은 한
국인이면서 호남이니 영남이니 지역차별을 하는 좁은 한국인의 심
성으로는 이해할 수 없을 만큼 큰 도량이다.46)

둘째, 민족구성원의 분포와 인구에 따른 차이이다. 중국은 진시황
에 의해 통일된 이래 한족(漢族)을 포함한 56개 민족으로 구성되어
있으며, 각 민족마다 그들 나름대로의 사상이나 종교와 문화를 갖고
있기 때문에, 일찍부터 다양한 종교나 사상이 싹틀 수밖에 없었다.
그래서 중국의 역대 통치자들이 이러한 사상적 통일을 위해 많은
노력을 해 왔음을 역사를 통해 쉽게 발견할 수 있다. 하지만 이러

---

pp.315－316.
46) 위의 책, p.232.

142

한 노력에도 불구하고 공산화되기 전까지 중국인들은 정치나 윤리, 교육 등의 현실적 측면에서는 유교의 영향을, 종교적 신앙과 회화 시문 등 예술적인 문화 영역에서는 도교의 영향을 많이 받았다.47)

심지어 1949년 공산화된 이후 모택동에 의해 수많은 공산화정책, 예를 들면 사상개조운동, 인민공사, 문화대혁명 등에도 불구하고 중국사회를 자기들이 원하는 방향으로 사회주의 길로 쉽게 이끌어가지 못했다.48) 그 이유 중의 하나는 중국이 다민족, 다언어로 구성된 사회이기 때문에 사상적 통일이 쉽지 않았기 때문이다. 이에 반해 우리 민족은 단일민족에 단일 언어하고 인구도 적기 때문에 어느 한 사상이나 이념이 들어오게 되면 쉽게 그 사상이나 이념에 몰입하게 된다. 해방 이후 북한에는 공산주의 이념이 들어가 단시일 내 사상적 통일을 이루었으며, 남한도 북한과 마찬가지로 자유민주주의 이념으로 획일화되었다. 그만큼 우리 민족은 한 가지 이네올로기로 교조화·경직화될 가능성이 많다는 것이다.49)

셋째, 문화수용 자세의 차이이다. 중국이라는 국호가 의미하는 바와 같이 중국민족은 항상 자기네 나라가 세계의 중심이라고 생각하여 왔고 또 자기네 문화가 세계에서 가장 우수한 문화로 자부해 왔

---

47) 鄭剛, 『中國人的精神』(廣州: 廣東旅遊出版社, 1997), pp.7 - 11; 柳承國, 『東洋哲學研究』(서울: 槿域書齊, 1983), pp.137 - 138.
48) 조용관, 『중국혁명과 가정윤리』(서울: 고려원, 1998) 참고.
49) 손풍삼, 『한국의 정치교육과 정치발전』(서울: 연방컴, 1996), pp.144 - 146.

다. 그래서 중국 이외의 민족이나 문화를 오랑캐 또는 오랑캐 문화로 경멸하여 왔다. 그러나 이 같은 민족적 자부심은 19세기 중엽 서구 제국주의의 침략으로 여지없이 짓밟히고 말았다. 당시의 많은 사상가들이 사상적·이념적으로는 서로 대립적 관계에 있었지만, 중화민족주의의 자존심을 회복하자는 점에 대해서는 아무도 이의를 제기한 사람이 없었다.[50]

이러한 중화 민족적 자부심은 어떠한 외래사상이나 문화도 중국에 들어오면 중국의 것으로 만들어 버리고 말았다. 오늘날 중국의 공산주의도 모택동은 '마르크스－레닌주의의 중국화'를, 등소평은 '중국특색적 사회주의'를 제창하고 있는 것만 보아도 쉽게 알 수 있다. 이는 결국 중국민족은 항상 외래문화를 수용함에 있어서 그 주체성을 버리지 않음을 보여주는 것이라 하겠다.

한편 우리 민족은 신라시대 이후 항상 변방민족이라는 콤플렉스에 젖어 있어, 어떤 사상이나 종교가 들어오면 이것을 원래의 발생지보다 더 잘해야만 남으로부터 인정받을 수 있다는 강박관념에 사로잡혀 있었던 것으로 보인다. 신라의 불교가 그 발생지인 인도보다 더욱 발전되었고, 또 조선의 유학 또한 본원지인 중국의 주자학보다 더욱 승화 발전시켰음을 역사를 통해 알 수 있다.[51]

---

50) Lim Yu－Sheng, 이병주 역, 『中國意識의 危機』(서울: 大光文化社, 1990), pp.23－24.

51) 한형조, 「朱熹에서 정약용에로의 철학적 사유의 전환」(한국학대학원박

그러나 이 같은 열등감은 외부에서 들어온 사상이나 문화를 주체적으로 수용하지 못하고 거기에 매몰되어 정교화·교조화되는 경향이 짙었다. 특히 조선조의 경우 유학을 해석함에 있어 그 교리를 어지럽히고 정통사상에서 조금만 어긋나는 이론이나 언행만 해도 '사문난적'이라 하여 법으로 엄히 다스렸다. 이러한 사회적 분위기 때문에 통치자의 통치철학에 어긋나는 학문이나 사상을 연구하거나 가르친다는 것은 생각하기조차 어려웠다. 그래서 국가에서 공인하는 학문이나 사상을 보다 더 깊이 있게 연구할 수밖에 없었고 또 이러한 통치이념은 오랜 세월을 두고 백성들에게 가르쳐 왔기 때문에 더욱 정교화·교조화·세련화 될 수밖에 없었다고 여겨진다.

네 번째는 공산당의 형성과정이 중국과 북한이 다르다는 점이다. 모택동을 중심으로 하는 중국공산당은 소수 엘리트 중심의 당 체제가 아니라 항상 인민과 생사고락을 같이하는 군중에 기반을 둔 당 체제였기 때문에, 당 지도부와 하급당원 간의 거리감이 별로 없었다. 그렇기 때문에 인민들은 공산당을 믿고 따랐으며, 당 또한 인민을 위해 봉사하였다. 이러한 사실은 1934년 모택동과 중국공산당이 장개석 군대에게 쫓겨 2만 5천리 대장정 과정에서 있었던 여정교 (濾定橋) 도하작전을 통해서도 쉽게 알 수 있다. 이 도하 작전에서 수많은 공산당원들이 자발적으로 당을 위하여 목숨을 버렸다.[52] 그

사학위논문, 1993), p.93.
52) 金相狹, 『毛澤東思想』(서울: 一潮閣, 1978), pp.66-67.

러므로 중국공산당은 그 생성과정에서 스스로의 피어나는 노력과 투쟁을 통해 혁명적 전통을 수립해 왔기 때문에 북한처럼 없었던 사실을 만들거나 과장할 필요가 없었다.

이에 비해 북한은 1930년대 김일성을 중심으로 전개한 항일무장 투쟁(빨치산투쟁)을 인정한다고 해도, 그러한 투쟁으로 일제를 타도하고 민족을 해방시켰다고 믿기 어렵다.[53] 공산주의운동과정에서 활동이 미약한 김일성은 자기의 빨치산투쟁을 과장 선전함으로써 북한정권의 토대를 굳건히 하려고 노력하였던 것이다. 이러한 사실이 발각될까 봐 북한정권은 1960년대 후기부터 김정일이 당 중앙에 들어와 선전사업을 주관하면서 빨치산들이 쓴 회상기를 모두 회수하여 버렸다. 그 이유는 그들의 회상기들이 김일성 우상화하는 데 집중되지 못하고 빨치산 참가자들 자신의 공적을 선전하는 경우가 있기 때문이다.[54]

마지막으로 정권의 수명과 관련이 있는 것으로 보인다. 중국은 맹자의 역성혁명사상의 영향으로 한 왕조가 평균 200년을 넘기는 경우가 드물어, 통치이데올로기가 내면화되기가 쉽지 않았다. 하지만 한국은 한 왕조가 집권하게 되면 500년 아니면 1000년까지 지속되어 그 이념이 교조화될 가능성이 높았고, 그러다 보니 체제에 반항세력

---

53) 이종석, 앞의 책, pp.461 - 462.
54) 黃長燁,, 앞의 책, pp.28 - 29.

146

은 대역죄인으로 몰아 왕조를 전복할 새로운 이론이나 혁명가들이
배출되기 어려웠다고 볼 수 있다.[55]

2) 우상화와 세습화의 조건

정치권력은 기본적으로 권력자를 신화화하려는 속성을 가지고 있
다. 혈통을 통해 권력이 세습화되던 시대에는 이러한 통치자의 신화
화·우상화하는 경향이 많았다. 통치자를 신격화하는 것은 그 백성
들로 하여금 체제에 순응하기 위한 것이다. 그래서 신화는 언제나
체제에의 충성을 자아내게 정치적 동일화, 또한 정치적 통합의 상징
으로서, 다른 한편으로는 체제를 지탱하게 하는 이성적 정당화의 상
징으로서 정치성을 갖는다.[56] 우리나라도 단군신화나, 가야의 김수
로왕, 신라의 박혁거세, 동명왕의 건국신화와 조선의 이씨 왕조를
미화하는 용비어천가 등이 바로 그러한 신화의 역할을 한 것이라
할 수 있다. 이 같은 우리문화와 북한의 김부자 우상화와 세습화를
관련시켜보면 다음과 같다.

첫째, 북한체제가 김일성·김정일을 우상화·신격화가 가능한 것은
전통 유교적 정치문화와 밀접한 관계가 있다고 보인다. 북한주민들은
조선왕조와 일제치하를 거쳐 한 번도 자유민주주의 체제를 경험해 보

---

55) 홍일식, 앞의 책, p.48.
56) 李克燦, 『政治學』(서울: 法文社, 2002), p.67.

지 못한 전통적 유교문화의 지배하에 있었다.[57] 1945년 해방과 더불어 남한은 미군이 들어와 자유민주주의를 국가이념으로 채택하였지만, 북한은 곧 김일성 공산체제로 전환되었기 때문에 북한주민들은 김일성을 조선조의 왕이나 일본 천황과 같은 군주로 생각할 수 있었고,[58] 김일성 자신도 봉건유교의 '성군사상(聖君思想)'을 모방하여 스스로 '위대한 수령'으로 칭송받기를 원했다.[59] 다시 말해서 북한사회는 생산력 발전에 기초한 밑으로부터의 사회주의 혁명을 통하지 않고 외부로부터 사회주의체제가 이식된데다가 체제 수립 이후 시민혁명은 커녕 한 번도 시민저항운동조차 경험해 보지 않았기 때문에 왕조시대의 강한 권위주의적 통치방식, 관료제의 경직성, 관존민비 사상 등이 어느 정도까지는 그대로 잔존해 있었다. 따라서 김일성 개인숭배는 전통적인 왕에 대한 숭배와 유사성이 많다.[60] 이러한 사실은 북한이 과거 전통적 유교정치에서 군왕의 통치덕목으로 강조되었던 인덕정치(仁德政治)를 강조하고 있음을 보아도 알 수 있다.[61]

---

57) 柳岸津, "韓國 傳統社會의 特性과 初期 社會化", 『韓國人의 初期 社會化過程 研究』(城南: 韓國精神文化研究院, 1983), p.46; 최성, 『북한정치사』(서울: 풀빛, 1997), pp.44-45.

58) 서재진, 앞의 책, pp.140-142.

59) 이종석, 앞의 책, p.236.

60) 서재진, 앞의 책, p.141.

61) 북한 「로동신문」, 1993년 1월 28일자에 "**《수령님께서는 조상전래의 인정과 성량성, 미덕을 조선민족의 자랑으로 여기시고 우리 인민을 위한 가장 훌륭한 인덕의 정치를 베푸시였습니다》** 인덕의 정치가 실시되는 참다운 인민의 락원에서 살아가려는 것은 근로인민대중의 세기적 숙망이다.…(중략)…문무충효를 겸비하신 친애하는 지도자 김정일

둘째, 북한은 통치형태에서 전통 유교문화에서 강조하고 있는 가족주의 형태를 모방하여 통치에 이용하고 있다. 북한은 김일성을 아버지로, 노동당을 어머니로 그리고 전체 인민을 그 자녀로 보고 그에 기초하여 하나의 <대가정>으로 보고 있다.

오늘 우리 인민들은 하나의 대가정에서 살고 있다. 위대한 수령, 위대한 령도자를 모시고 전체 인민이 혈연적 련계를 이룬 우리 사회는 지금까지 력사가 전혀 알지 못하는 새로운 인간세계이다. 이 사회적 대가정 속에서 **《하나는 전체를 위하여, 전체는 하나를 위하여》**라는 참다운 인간관계가 꽃펴나가고 있음 서로 돕고 이끌면서 고락을 같이해나가는 숭고한 공산주의적 미풍이 높이 발양되고 있다.…(중략)…

우리 나라는 **《우리의 아버진 김일성원수님 우리 집은 당의 품 우리는 모두 친형제》**이라는 노래가 위대한 현실로 꽃피워나갈 일념으로 불타고 있다.

…(중략)…

온 사회가 하나의 대가정을 이룬다는 것은 모든 사람들의 관계가 한가정의 울타리를 벗어나 부모와 자식, 형제자매 사이처럼 육친적인 사랑의 관계로 된다는 것을 의미한 높이에서 빛나게 실현되는 것으로서 인류력사에 일찍이 없었던 새로운 사회적 풍모로 된다.[62]

동지께서는 인민에 대한 숭고한 사랑을 지니시고 우리 인민을 위한 가장 훌륭한 인덕의 정치를 베푸시고 계신다.”라며 유교사상에서 이상으로 하는 인덕정치를 강조하고 있다.

62) 승재순·박정남, “우리사회는 하나의 대가정이다”, 「로동신문」, 1993년 2월 1일자.

북한은 1990년대 중반 들어 김일성을 '할아버지' 그리고 김정일을 '아버지' 이미지작업에 한창 열을 올리고 있다.[63] 이는 북한사회가 공산주의체제이면서도 유교적 가부장제의 전통을 뿌리 깊게 간직하고 있음을 보여주는 좋은 예라 하겠다. 북한사회가 이렇게 국가를 하나의 가정에 비유하여 김일성과 당의 관계를 대가정에 비유하는 것은 아버지인 김일성과 당인 어머니에게 충성을 강요하기 위한 것으로 보이며, 이는 곧 전통 문화 속의 백성들이 임금에게 충성을 요구하는 것과 다를 바가 없다. 특히 북한은 1969년 혁명적 수령관이 정착되고 난 후에 전통 유교윤리에서 중시 여겨 왔던 충효의 전통적 윤리관을 강조하고 있다.[64] 요컨대, 북한에서는 전통적 유교의 '사해일가(四海一家)'라는 윤리관에 입각하여 치자와 피치자의 관계가 부모와 자녀의 관계로 비유하는 일종의 '국가 가족주의' 내지 '가족주의적 국가'를 연상케 한다. 이것은 결국 부모 먼저 자녀를 사랑해야 한다는 의무 불이행에 대해서는 책임을 묻지 않고, 오직 자식에게 일방적인 효도의 의무만을 강요하는 잘못된 유교윤리에 입각한 것으로,[65] 김일성·김정일에 대한 절대적 무조건적 충성만을 강조하기 위

---

63) 「한국일보」, 1994년. 5월 23일자.

64) 당원들에게 당과 수령에게 충성과 효성을 당부하는 자세한 내용은 김효삼, "당세포를 충성의 세포로 만들기 위한 투쟁을 힘있게 벌리는 것은 당원들을 충신과 효자로 키우기 위한 중요한 방도", 『근로자』, 1991년 5호, p.38 참조.

65) 원래 유교윤리에 있어 부자관계는 '부자자효(父慈子孝)'의 윤리관계, 즉 부모가 먼저 자녀에게 자비로움으로 대하고 자녀는 부모에게 효도하는 것을 의미하는 것이었으나, 이것이 잘못 알려져 부모의 의무는

하여 전통 윤리를 원용하는 것이라 하겠다.

셋째, 김 부자의 세습 또한 유교의 차별적 윤리관과 밀접한 관련성이 있는 것으로 보인다. 중국문화를 배경으로 탄생된 유교사상은 중국대륙의 다수 민족인 한족이 그들의 민족생존권을 보위하고 더욱 확장하기 위하여 강력한 국가체제를 확보하려는 정치적 목적에서 형성된 사고의 유산이다. 따라서 유학의 사상적 목표는 강력한 한민족 국가를 건설하여 유지하기 위한 봉건적 제왕권 체제 또는 중앙집권적 왕권체제이었고, 사상의 내용은 대외적으로는 한족의 이민족에 대한 차별적 지배를, 그리고 대내적으로는 왕을 비롯한 지배계급의 노예 및 서민에 대한 권위적 우위성을 합리화하고 이를 근본원리로 하는 지배학이었다.66)

이렇게 중국실정이 맞게 배태된 유교사상이 동질성이 강한 한반도에 들어오게 되자 많은 문제를 야기했다. 동질성이 어느 민족보다 강한 한국민족에게 유교사상의 본질인 노동천시 억압적 지배 및 차별원리를 적용함으로써, 민족구성원 사이를 남자와 여자, 적자와 서자, 양반과 상민, 서울과 지방 등으로 차별 지어 이질화시키는 역할을 하였다.67) 이러한 차별화는 조선조 들어와 정쟁(政爭)으로 확대

하지 않고 일방적으로 자식에게 효도만을 강조해 왔다. 조용관, 앞의 책, pp.75 - 76.

66) 김만규, 『한국의 정치사상』(서울: 현문사, 1999), p.20.

67) 위의 책, p.384.

되었고, 이것이 오랫동안 지속되면서 사회의 일반적 현상이 되었다. 나아가 자기 핏줄, 자기사람 아니면 믿을 수 없다는 사회 풍조를 만들어 냈다. 이 같은 사실은 우리나라가 고아 수출 세계 제1위인 것보다도 우리 민족이 얼마나 핏줄 의식이 강한가를 알 수 있다. 달리 말해서 자기핏줄, 자기 사람이 아니면 믿을 수 없기 때문에 권력이나 재산을 넘겨줄 수 없다는 이야기이다.

　이러한 사실에 비추어 볼 때 민주주의의 생활을 경험하지 못한 북한 인민들에게 김일성·김정일 부자 세습은 우리가 생각하는 만큼 저항이 심하지 않았을 것으로 보인다. 하지만 이러한 현상은 북한만의 문제가 아니다. 남한사회에서도 대형 교회 목사들이 부자세습체제를 구축하는 문제나, 재벌들이 자식들에게 재산을 세습하는 것은 내용만 다를 뿐이지 형식은 북한과 마찬가지다. 단지 남한에서는 권력을 세습할 수 없는 것은 해방 이후 민주주의 교육이 뿌리를 내렸기 때문이고, 북한은 그러한 기회를 갖지 못한 차이밖에 없다고 보인다.

　다섯째, 김일성과 모택동의 성장배경에서 나타난 차이점이다. 중국 공산혁명의 주역인 모택동은 중농 가정의 3남 1녀 중 장남으로 태어났다. 모택동은 어릴 때부터 수전노이자 인정 없는 아버지 모순생(毛順生)과 독실한 불교신자이며 인자한 어머니 문기미(文其美) 사이에서 항상 봉건적 가부장권을 휘두르는 아버지와 싸움이 끊이질 않는 반항아로 자라났다. 모택동은 그의 회고록에서 아버지를 증오하여 어머니와 연합전선을 만들어 아버지에게 대항했다고 고백하고 있다.[68] 집안일을 돕기를 원하는 아버지의 반대 때문에 뒤늦게

신식학교 입학하였으나, 그는 주로 중국의 전통 소설인 수호전이나 삼국지, 서유기, 악비전 등을 탐독하였다.[69] 그의 이러한 성장배경 때문에 자신과 사이가 좋지 않았던 아버지나 가계를 우상화·신성화 할 필요를 느끼지 않았을 것이다.

이에 비해 김일성은 기독교를 믿는 가정에서 태어났다. 그의 아버지 김형직은 평양 기독교계통 미션스쿨인 숭실중학을 졸업한 후 순화보통학교, 명신 보통학교에서 교편생활을 하였다. 동시에 기독교 항일사회주의 운동단체인 조선국민회의의 주요멤버로 활동하다 체포되어 극심한 옥살이를 하다가 사망한 것으로 알려지고 있다. 한편 어머니 강반석은 창덕학교 교장 강돈욱장로의 둘째딸로서 장로교계통의 독실한 기독교 집안에서 태어났다. 이러한 부모 사이에 장남으로 태어난 김일성은 어릴 때 주일학교에 착실하게 출석하였고, 중학교 때에는 중국연변의 손정도 목사의 보실핌을 받으며 교회생활을 하였으나 스스로 기독교를 믿지 않았다고 고백하였다.[70]

그 이후 특별한 교육을 받은 경험이 없는 김일성으로는 자기가 성장하면서 주일학교에 학습한 내용들이 후일 북한을 통치하는 데

---

68) 解放軍文藝出版社 편 南鐘鎬 역, 『모택동자서전』(서울: 다락원, 2002), p.2 6 1.

69) 金相狹, 앞의 책, pp.1－9; S. 슈람, 金東式 譯, 『毛澤東』(서울: 두레, 1979), pp.25－29.

70) 김병로, 앞의 책, pp.173－184.

많이 활용하였다고 볼 수 있다. 물론 이러한 배경에는 외조부인 강
돈욱과 육촌 간인 강양욱 목사가 기독교를 모방하여 기독교의 하나
님 말씀 대신에 김일성주체사상을 넣어 전례에 볼 수 없는 수령교
를 만드는 데 크게 기여하였다.[71]

넷째, 정치엘리트 세력분포와도 관련이 있는 것으로 보인다. 예부
터 중국은 인다(人多), 지대(地大), 물박(物博)으로 표현된다. 그만큼
사람도 많고 땅도 넓고 재물도 많다는 말이다. 중국은 사람이 많은
만큼 정치엘리트들도 많다. 그래서 전통적으로 권문세가들이 권력을
잡고 상대방을 싹쓸이하는 식의 정적을 숙청하는 것이 쉽지 않았다.
여러 번의 정변에 있었음에도 불구하고 모택동을 반대하는 강한 정
치세력이 있었던 것은 국토의 크기와 많은 인물들을 일시에 제거하
기 어려웠기 때문이다.

이와는 달리 북한에서는 김일성을 반대하는 세력은 몇몇 인텔리
들을 숙청하는 것으로 간단히 끝났다. 이것을 계기로 김일성에 대한
우상화는 전례 없이 강화되었다. 또한 이 시기는 김정일이 대학을
졸업하고 당 중앙에 들어와 자기 삼촌 김영주와 권력다툼을 하기
시작한 때이다. 두 사람 사이 경쟁의 초점은 누가 더 김일성을 신

---

71) 북한에서는 기독교의 10계명과 유사한 '유일사상체계 확립 10대원칙'이
    있고, 또 기독교의 종교양식과 북한의 모임과 비교해 보면 '주일예배 –
    생활총화', '수요예배 – 수요강연회', '새벽기도회 – 새벽참배', '경건의 시
    간(QT) – 아침독보회', '가정예배 – 가족독보회', '구역예배 – 인민반회의'
    등과 같이 유사점이 많다. 위의 책, p.113, pp.178 – 179.

격화하는 데 앞장서겠는가 하는 것이었다. 이 때문에 김일성 우상화
는 종래의 소련식 수령론의 테두리를 벗어나 수령절대주의로 전환
하게 되었다.[72]

또 조선시대에는 신하들이 왕의 독재를 어느 정도 견제할 수 있
었던 것은 주자학적인 이론적 뒤받침이 있었지만, 그 뒤에는 벼슬을
하지 않아도 먹고 살 수 있는 경제적 토대가 마련되어 있었기 때문
이다. 이에 반해 북한은 의식주를 국가에서 관리하기 때문에 김 부
자에게 도전하는 것은 곧 죽음을 의미하는 것이기에 김 부자의 우
상화나 세습화에 대해 반대하는 어떠한 정체세력도 살아남기 어렵
다는 점에서 차이가 있다고 하겠다.

4. 맺음말

정치철학의 오래된 중심과제는 인간이 타고난 각자의 소질을 억
압받지 않고 발전시킬 수 있는 기회를 사회에 의해서 보장받으며,
또 그러한 기회를 확대해 나가기 위해서 사회를 개조, 혁신해 나가
는 것이 가능한 정치·사회제도를 만들어 내는 것이다. 이는 곧 사
회 정의이념의 실현과 직결되는 문제이기도 하다. 인류 역사의 발전
은 정의이념의 점진적 실현과정이었고, 그것은 무질서와 혼란의 비

---

72) 黃長燁, 앞의 책, pp.28 - 29.

이성에서, 조화와 질서의 합리성에로 나아가는 것이다. 그것은 또한 좁은 범위에서의 합리성에서 더 넓은 범위의 합리성에로 발전해 가는 것이다. 서양철학사나 사회사상의 전개과정이 이를 증명하고 있으며, 우리 현대사를 보아도 알 수 있다.

앞에서 살펴본 바와 같이, 북한체제는 세계 어느 곳에서 볼 수 없는 교조화·절대화된 통치이데올로기인 주체사상과 권력의 세습화가 우리의 전통 유교문화와 밀접한 관련성이 있음을 살펴보았다. 북한의 통치행위는 우리 전통문화 중에서 긍정적이 면이 아니라 부정적인 면을 확대 재생산하고 있는 것이다. 그들이 말하고 있는 인덕정치는 유교에서 군주가 먼저 자기 수양을 거쳐 백성을 사랑하는 마음으로 다스리는 군주의 통치방식(修己治人)과는 거리가 멀다. 자신과 자신의 가계를 우상화·신격화하고 그것도 모자라 공산주의 역사상 전례가 없는 권력의 부자세습을 하면서, 수십만의 탈북자들을 양산하고 있을 뿐 아니라 수백만의 주민들을 굶어 죽게 하고서도 전혀 책임을 지지 않는 정치는 공맹의 유교사상 어느 곳에서도 찾아볼 수 없다.

또한 김일성·김정일을 신격화·종교화하여 맹신적으로 숭배하게 하게 하는 것은 정통 기독교 교리 어디에서도 찾아볼 수 없는 사이비 종교행위에 불과하다. 요컨대 어떠한 반대나 비판을 허용하지 않는 주체사상은 이미 사상으로서의 의미를 잃어버린 것이며, 사상도

철학도 아닌 전제적 독재이데올로기에 불과하다.

이제 북한은 더 이상 인민들을 우상의 노예로 만드는 반역사적·반이성적·비합리적인 통치행위에서 벗어나 진실로 북한주민들을 인간답게 살 수 있고, 각자의 타고난 소질을 억압받지 않고 발전시킬 수 있는 기회를 제공하는 체제로 전환해야 할 것이다. 아울러 플라톤의 동굴의 비유에 나오는 철인처럼 '주체의 나라'라는 동굴 속에 갇혀 고통 받고 있는 북한동포들을 참된 '광명의 세계'로 인도하는 것은 오늘을 사는 남한주민의 몫이라 하겠다.

|참고문헌|

김국현, "통일이후 남북한 주민간의 가치갈등유형과 가치교수모형", 『통일정책연구14권1호』, 서울: 통일연구원, 2005.
______, "통일이후 남북한 주민의 심리적 통합을 위한 반편견 교육방안", 『통일정책연구12권2호』, 서울: 통일연구원, 2003.
『고난의 행군』, 평양, 조선로동당출판사, 1977.
『김일성저작선집』(제5, 6권).
『김일성전설집』, 백수사, 1996.
『김정일선집(제8권)』.
『김정일우상화 사례집』, 통일원, 1992.
『남북한 사회통합』, 민족통일연구원, 1997.
『민족의 영웅 인민의 수령 김일성원수』, 로동자신문사, 1970.
『민중에센스국어사선』, 민중서림, 1992.
『백과전서(1)』, 과학백과사전출판사, 1982.
『백두산전설집』, 서울: 북한문예출판사간행, 1987.
『우리 모두는 승리할 것이다』, 서울: 동광출판사, 1994.
『원색 세계백과사전 전32권』, 서울: 한국교육문화사, 1994.
『위대한 김일성동지혁명력사』, 조선로동당출판사, 1992.
『위대한 령도자 김정일동지의 사상리론, 철학1』, 사회과학출판사, 1996.
『위대한 수령 김일성동지혁명력사』, 조선로동당출판사, 1992.
『第6共和國 實錄4』, 서울: 공보처, 1992,
『조선대백과사전(19권)』, 평양: 백과사전출판사, 2000.

『주체사상에 기초한 사회주의 교육리론』, 평양: 사회과학출판사, 1975.

『친애하는 지도자 김정일동지의 문헌집』, 평양: 조선로동당출판사, 1992.

『통일교육기본지침서』, 통일부, 2007.

『통일문제이해』, 통일부, 2006.

『통일후 북한주민들의 체제적응 방안』, 중앙대학교 체제적응연구센터, 1997.

경남대학교 극동문제연구소,『남남갈등 ― 진단 및 해소방안 ― 』, 서울: 경남대학교 극동문제연구소, 2004.

경남대학교 북한대학원엮음,『북한연구방법론』, 한울, 2003.

고정식 외,『통일지향 교육 패러다임 정립과 추진방안』, 통일연구원, 2004.

교육부,『교육월보』, 1991년 12월호.

金相狹,『毛澤東思想』, 一潮閣, 1978.

金正吉,「韓國政治敎育政策의 位相에 관한 硏究」, 건국대학교 박사학위논문, 1988.

金俊燁・스칼라피노 共編,『北韓의 오늘과 내일』, 法文社, 1987.

金鎭道,『北韓離脫住民의 社會適應 프로그램 改善方案』, 崇實大學校 統一政策大學院 碩士學位論文, 1999.

金昌順, "金正日權力의 北韓史的 意味",『北韓學報』第23輯, 北韓硏究所・北韓學會, 1998.

金亨植,「金日成과 金正日의 體制維持 政策에 관한 比較」, 고려대학교 정책대학원 석사학위논문, 2000.

김남진 외,『향도의 태양 김정일장군』, 동방사, 1995.

김동규, "북한의 소・중학교 교과내용에서의 남북통일 관련 학습단원 내용의 분석과 평가",『서울평양학보(제3집 1호)』, 서울평양학회, 2004.

_____, "북한교육의 기본원리와 이질화 현상",『北韓研究(제2권 제2호)』, 서울: 대륙연구소, 1991.

______,『社會主義 敎育學』, 서울: 主流, 1988.

______, "북한 교육학의 기본원리", 김형찬,『북한의 교육』, 서울: 을유문화사, 1990.

김만규,『한국의 정치사상』, 현문사, 1999.

김병로,『북한사회의 종교성: 주체사상과 기독교 종교양식 비교』, 통일연구원, 2000.

______,『主體思想의 內面化 實態』, 서울: 민족통일연구원, 1994.

김석향,『남북한 주민간 갈등양상과 기독교인의 대응방안에 관한 연구』, 기독교북한선교회, 2006.

김안중, "오우크쇼트의 정치교육론",『민주문화논총』(통권 제4호), 서울: 민주문화아카데미, 1990.

김영국, "國民倫理의 機能", 韓國國民倫理學會 편,『國民倫理學 槪論』, 서울: 형설출판사, 1987.

김영수, "김정일 시대의현황과 전망",『김정일시대의 북한』, 서울: 삼성경제연구소, 1998,

김용민, "서양정치사상에 있어시 징치와 교육",『세계화와 민주화시대의 정치와 교육』, 한국정치학회, 1997.

김용운, "文化傳統과 韓國人의 正體性",『文化傳統과 社會發展』, 미원문화재단, 1991.

______,『세계 천년의 시각으로 본 한국의 백년』, 고려원, 1996.

김일성 방송대학 강의록,『철학강좌』. 極東問題研究所, 1974.

김해순,『통일이후 동서독 주민들의 갈등과 사회통합』, 통일부 통일교육원, 2002.

김현성,『통일과도기 치안수요예측과 경찰대응방안 연구』, 치안연구소, 1998.

김형찬,『북한의 교육』, 서울: 을유문화사, 1990.

류재길, "예외국가의 제도화: 군사국가화 경향과 군이 역할 확대", 최완규 엮음,『북한의국가성격변용에 관한연구』, 서울: 한울아카데미, 2001.

文昌周,『韓國政治論』, 서울: 博英社, 1975.

민병천,「월남귀순자의 자유사회적응과정 실태조사」, 국토통일원 조사연구실, 1980.

민성길·전우택·윤덕용,『탈북자와 통일준비』, 서울: 연세대출판부, 2002.

박광주, "집권관주의적 신중상주의 국가론: 권위주의 국가현상에 대한 새로운 접근", 한국정치학회 편,『현대한국정치와 국가』, 서울: 법문사, 1986.

박득준 편집『근대조선력사』, 사회과학출판사, 1984.

박문갑,『北韓 政治社會化에 관한 研究』, 건국대박사학위논문, 1989.

박용헌,『가치교육의 변천과 가치의식』, 서울대학교 출판부, 2002.

______,『민주화 세계화와 교육과제』, 서울대출판부, 1996.

______, "이데올로기와 國家安保",『韓國安全保障論叢 第14輯』, 國家安全保障會議, 1987.

______, "정치교육의 성격과 과제",『정치교육』. 한국국민윤리학회, 1983.

______, "정치교육의 성격과 과제", 한국국민윤리학회,『정치교육』, 서울: 형설출판사, 1983.

박종철·김영윤·이우영,『북한이탈 주민의 사회적응에 관한 연구: 실태조사 및 개선방안』, 서울: 민족통일연구원, 1996.

박찬석,『남남갈등, 대립으로 끝날 것인가』, 서울: 인간사랑, 2001.

박찬석 외,『통일교육론』, 서울: 백의, 2000.

裵宗鎬, "退溪의 哲學과 그 展開",『韓國思想史大系 4』, 韓國精神文

化研究院, 1991.

裵燦福, 『南北韓의 政治社會化』, 서울: 法文社, 1989.

서울대학교 통일대비 교육과정연구위원회, 『남북통일 대비 표준교육과정 개발을 위한 기초연구』, 서울대학교 통일대비 교육과정연구위원회, 1994.

서울대학교 통일연구소, 『남북한 통합과제와 통일연구』, 2006.

서울대학교 행정대학원 통일정책연구팀, 『남과 북 뭉치면 죽는다』, 서울: 랜덤하우스중앙, 2005.

서재진, 『또 하나의 사회』, 서울: 나남출판사, 1995.

______, 『북한의 사회심리 연구』, 서울: 통일연구원, 1999.

손풍삼, 『한국의 정치교육과 정치발전』, 서울: 연방컴, 1996.

슈람, 金東式 譯, 『毛澤東』, 두레, 1979.

신기철·신용철 편저, 『새우리말 큰 사전』, 삼성출판사, 1989.

신정현 외, 『民主市民敎育論』, 서울: 탐구당, 1997.

신일철, 『북한주체철학연구』, 나남, 1993.

신효숙, 『소련군정기 북한의 교육』, 서울: 교육과학사, 2003.

______, "교육제도의 형식과 내용: 사회주의 인간형에서 주체형 인간 양성으로" 박호성·홍원표, 『북한사회의 이해』. 서울: 인간사랑, 2002.

柳承國, 『東洋哲學硏究』, 槿域書齊, 1983.

유안진, "한국 전통사회의 특성과 초기 사회화", 『한국인의 초기사회화 과정연구』, 성남: 한국정신문화연구원, 1983.

유지웅. 「북한이탈주민의 '사회적 배제' 연구」, 성남: 한국학대학원 박사학위 논문, 2005.

윤인진, "탈북자와 사회적응의 통합적 이해: 국내탈북자를 중심으로", 『현대북한연구』3권 2호, 경남대 극동문제연구소, 2000.

윤종진, "김정일 등장이후 '정치사상교양' 정책의 변화분석", 『통일정책연구13권2호』, 서울: 통일연구원, 2004.

이계희, "北韓의 思想政策과 政治敎育", 『統一問題硏究』, 국토통일원, 1989. 봄.

李寬熙, 『韓國民主憲法論Ⅰ』, 서울: 博英社, 2004.

______, 『독일통일과 독일경찰조직의 정비』, 치안연구소, 1996.

李克燦, 『政治學』, 法文社, 2002.

이금순 외, 『북한이탈주민의 적응실태연구』, 서울: 통일연구원, 2003.

李敦熙, 『敎育哲學』, 서울: 한국방송통신대학, 1983.

李命植·申正鉉 共編, 『現代共産體制의 比較分析』, 日新社, 1987.

李相禹 외, 『북한40년』, 서울: 乙酉文化社, 1988.

이서행, 分斷克服 및 統一問題의 관점에서 본 理念論爭: 民族主義의 韓國化過程을 중심으로, 강광식 외, 『現代 韓國體制論爭史硏究』, 성남: 한국정신문화연구원, 1992.

이수윤, 『정치학개론』, 서울: 법문사, 2002.

이우영, 『북한사회의 상징체계 연구: 혁명구호의 변화를 중심으로』, 서울: 통일연구원, 2002.

이장호, "북한출신 주민 심리 사회 적응 프로그램의 개발(상)", 『북한』, '97년 11월호.

이종석, 『새로 쓴 현대북한의 이해』, 서울: 역사비평사, 2000.

______, 『현대북한의 이해』, 역사비평사, 2000.

李中, "集團主義的 敎育體制: 그 規範과 運用", 고현욱 외, 『북한사회의 구조와 변화』, 서울: 경남대학교 극동문제연구소, 1987.

李海成, 『統治體制의 矛盾과 學校敎育』. 서울: 청아, 1988.

임순희, 『북한청소년의 교육권 실태: 지속과 변화』, 서울: 통일연구원, 2005.

任時先, 『中國敎育思想史』, 臺灣: 臺灣商務印書館, 1978.

전미영, "통일담론에 나타난 남북한 민족주의 비교연구", 『국제정치논총, 43집 1호』, 서울: 한국국제정치학회, 2003.

전우택, 『사람의 통일을 위하여』, 서울: 오름, 2000.

______, "남한에 있는 탈북자들의 심리적 갈등구조 및 그에 대한 해결방안", 『탈북자의 보호 및 국내적응 개선방안』, 통일연구원, 1999.

______, "탈북자들의 주요 사회배경에 따른 적응과 자아정체성에 관한 연구", 『통일연구(제1권 2호)』, 연세대학교 통일연구원, 1997.

鄭剛, 『中國人的精神』. 廣東旅遊出版社, 1997.

鄭朱玹, 「美軍政期 社會生活科(Social studies)의 導入過程에 관한 硏究」, 이화여자대학교 교육대학원 석사학위논문, 1993.

조용관, 『중국혁명과 가정윤리』, 고려원, 1998.

______, "북한 정치교육의 내면화가 탈북자 남한사회적응에 미친 영향", 『한국정치외교사논총(제25집 2호)』, 2002.

______, "북한체제의 특이성의 역사문화적 가능조건에 관한 연구: 이데올로기 교소화와 우상화·세습화를 중심으로", 『北韓硏究學報』(제6권 제2호. 2002).

______, "탈북자 남한사회 적응 실태의 문제점과 그 해결방안", 『북한 인권 및 탈북자문제, 그 해결 방안은?』, 바른 사회를 위한 시민회의 정책세미나, 2004.

______, "북한이탈주민 남한사회 정착의 현안문제와 해결방안", 『치안정책연구(제19호)』, 용인: 치안정책연구소, 2005.

조용관·김병로, 『북한한걸음 다가서기』, 고양: 예수전도단, 2002.

조용관 외,『통일한국포럼』, 인천: 바울, 2006

조희연, "80年代 民主化運動과 體制論爭", 강광식 외,『現代 韓國體制論爭史 研究』, 성남: 한국정신문화연구원, 1992.

中央大學校 韓國敎育問題硏究所,『文敎史』. 서울: 中央大學校 出版局, 1974.

최선우, "남북통일에 따른 치안예측과 경찰의 대응전략",『통일정책연구11권1호』, 통일연구원, 2002.

최　성,『북한정치사』, 서울: 풀빛, 1997.

최승현,「북한의 정치적 변화요인이 청소년 학생들의 정치사상교육에 끼친 영향연구」, 한국교원대학교 교육정책대학원 석사학위논문, 2005.

최완규 엮음,『북한의 국가성격 변용에 관한 연구』, 한울아카데미, 2000.

崔載賢, "北韓社會理念속의 傳統的要素",『亞細亞 傳統社會에 미친 共産主義의 影響』, 서강대학교 동아연구소・국립정치대학국제관계연구중심, 1987.

최준영,「북한소학교 공산주의 도덕 교과서 분석연구」, 서울교육대학교 교육대학원 석사학위논문, 2004.

한국교육개발원,『북한교육관계 법령연구』, 서울: 한국교육개발원, 2000.

한국정신문화연구원,『국민정신교육총람』, 성남: 한국정신문화연구원, 1986.

韓萬桔, "개방적 정치교육으로서 통일교육의 과제", 한국정치학회,『세계화와 민주화시대의 정치와 교육』, 1997.

＿＿＿＿, "敎科課程과 國家의 社會統制",『교육개발』(제8권 제4호).

한스 요하임 마즈,『사이코의 섬: 감정정체・분단체제의 사회심리』, 서울: 민음사, 1990.

韓培浩・魚秀永,『韓國政治文化』, 서울: 法文社, 1987.

황병덕, 『독일의 정치교육 연구』, 서울: 민족통일연구원, 1995.

한형조, 「朱熹에서 정약용에로의 철학적 사유의 전환」, 성남: 한국학대학원박사학위논문, 1993.

홍득표, "서양 정치교육의 체제와 내용", 『세계화와 민주화시대의 정치와 교육』, 한국정치학회, 1997.

정지웅, "교육통합과 민족통합을 위한 이론과 교육대책", 『통일정책연구14권1호』, 서울: 통일연구원, 2005.

홍일식, 『한국인에게 무엇이 있는가』, 서울: 정신세계사, 1996.

和田春樹, 서동만·남기정 옮김, 『북조선』, 서울: 돌베개, 2002.

황병덕, 『통일교육 개선방안연구』, 민족통일연구원, 1997.

黃長燁, 『어둠의 편이 된 햇볕은 어둠을 밝힐 수 없다』, 月刊朝鮮社, 2001.

「민민전방송」, 「로동신문」, 「중앙방송」, 「근로자」, 「조선일보」, 「한국일보」, 「세계일보」.

Tom Brennan, Political Education and Democracy, Cambridge: Cambridge Uni. Press, 1981.

Bruce Cumming 외, 박의경 역, 『韓國戰爭과 韓美關係』, 서울: 청사, 1987.

James S. Coleman(ed.), Education and Political Development .Princeton, New Jersey: Princeton University, 1965.

Lim Yu-Sheng, 이병주 역, 『中國意識의 危機』, 서울: 大光文化社, 1990.

Tom Brennan, Political Education and Democracy. Cambridge: Cambridge Uni. Press, 1981.

• 저자 •

조용관   •약 력•
고려대학교 문과대학 졸업.
한국학중앙연구원 한국학대학원에서 석·박사
경희대·충남대·서울교대·안양대·순천향대 강사
중국 천진사회과학원 특별연구원
인천대학교 정치외교학과 겸임교수 역임
현재 경찰대학 치안정책연구소 연구부장
　　고려대학교 중국학연구소 특별연구원
　　한국기독교통일포럼 운영위원
　　기독교통일학회 이사

•주요논저•
「전통중국 교화론과 현대중국 정치교육론 비교연구」
「중국경찰의 형성과정과 지도이념연구」
「남북한 정치교육론과 정치체제안정」
「탈북자의 남한사회적응을 통해본 통일교육의 과제」
「탈북자와 북한선교」
『중국혁명과 가정윤리』(한국학술정보(주))
『북한 한걸음 다가서기』(예수전도단)
『통일한국포럼』(바울)
『북한과 테러리즘』(역서, 고려원)
　외 다수

통일을 준비하는 정치교육

• 초판 인쇄	2008년 7월 31일
• 초판 발행	2008년 7월 31일
• 지 은 이	조용관
• 펴 낸 이	채종준
• 펴 낸 곳	한국학술정보㈜
	경기도 파주시 교하읍 문발리 513-5
	파주출판문화정보산업단지
	전화 031) 908-3181(대표)·팩스 031) 908-3189
	홈페이지 http://www.kstudy.com
	e-mail(출판사업부) publish@kstudy.com
• 등 록	제일산-115호(2000. 6. 19)
• 가 격	21,000원

ISBN　978-89-534-9747-4 93340 (Paper Book)
　　　　978-89-534-9748-1 98340 (e-Book)